WOKABAUT LONG ROT WANTAIM GOD LONG TELEFOMIN
God i givim laip long husat i bilip

LINDSAY NA MERYL SMITH

Produced by Lindsay Smith.
Orders: lindsay.smith1936@gmail.com

Copyright © Lindsay Smith 2019.

All rights reserved. Except for brief quotations in critical publications or reviews, no part of this book may be reproduced in any manner without prior written permission from the publisher.

Title: wokabaut long rot wantaim God long Telefomin:
God i givim laip long husat i bilip

ISBN(s): 978-0-646-80410-1 : Paperback

Cover and layout by Ivan Smith
Painting Drolengdam Church (page i) by Ivan Smith
Printed by Lightning Source

Lista bilong stori insait

1. Laip bipo long mipela 1

2. Developmen 9

3. Wok – MAF balus, TDA, na Caribou 17

4. Wok bilong autim Gutnuis na skulim ol i bilip 25

5. Sampela liklik stori i kam long Lindsay 29

6. Laip i go het 32

7. Nius pepa long "Telefomin Times" 38

8. Rivaivel i kam 53

9. Siots Kaunsel i toktok long dispela Rivaivel 61

10. Stori bilong Femsep 66

11. Mirakol i kamap long laip (Meryl i rait) 68

12. De bilong tokim sori 72

13. God i gat wok yet long Australia 75

14. Las tok bilong mipela 81

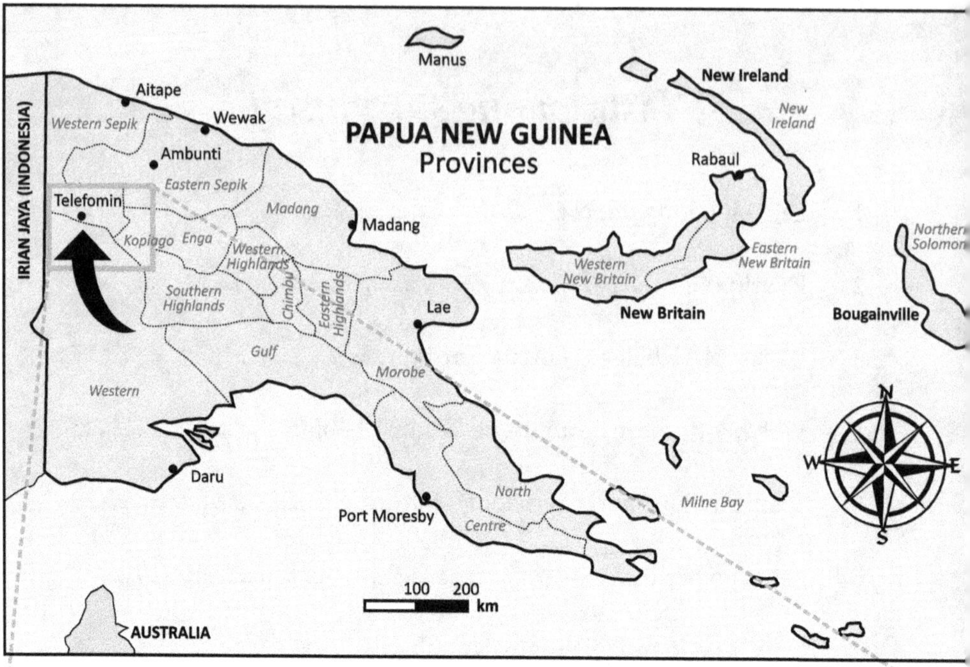

PAPUA NEW GUINEA Provinces

- Manus
- Aitape
- Western Sepik
- Wewak
- Ambunti
- Eastern Sepik
- Telefomin
- IRIAN JAYA (INDONESIA)
- Kopiago
- Enga
- Madang
- Madang
- Western Highlands
- Southern Highlands
- Chimbu
- Eastern Highlands
- Lae
- Gulf
- Morobe
- Western
- Daru
- Port Moresby
- North Centre
- New Ireland
- New Ireland
- Rabaul
- Western New Britain
- Eastern New Britain
- New Britain
- Northern Solomon
- Bougainville
- Milne Bay
- AUSTRALIA

100 200 km

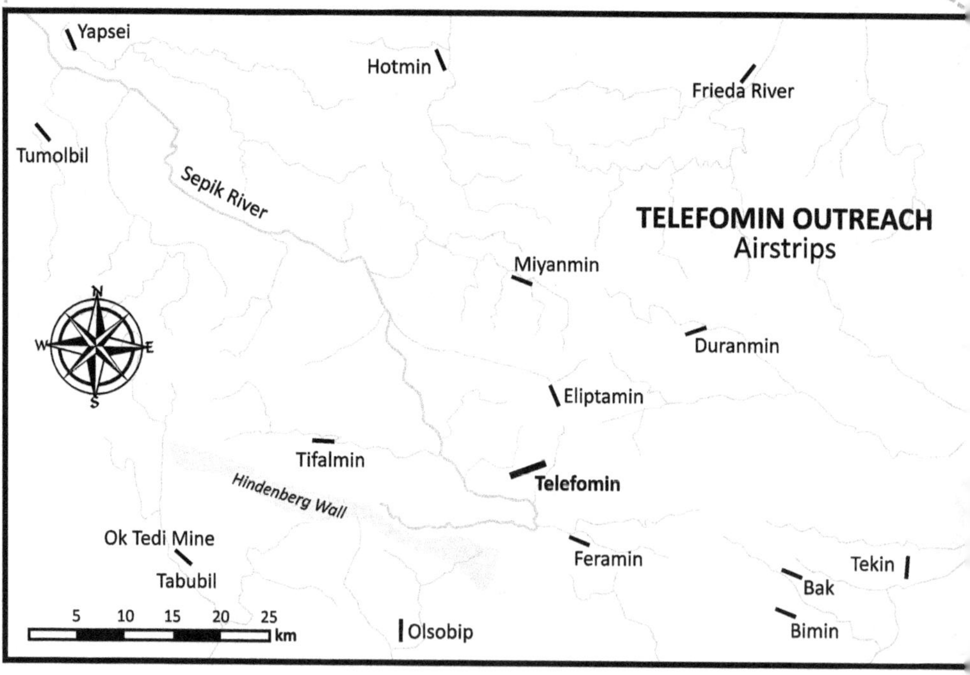

TELEFOMIN OUTREACH Airstrips

- Yapsei
- Hotmin
- Frieda River
- Tumolbil
- Sepik River
- Miyanmin
- Duranmin
- Eliptamin
- Tifalmin
- Hindenberg Wall
- Telefomin
- Ok Tedi Mine
- Tabubil
- Feramin
- Tekin
- Bak
- Olsobip
- Bimin

5 10 15 20 25 km

Stat

Mipela harim tok long Baptist Union of Papua New Guinea i kamap 70 yia. Rev Geoff Cramb, wanpela misinari bilong Baiyer River em i salim toksave olsem long olgeta misinari i bin wok long PNG. Ol lain long Telefomin ol i tokim mitupela – sapos misinari i laik kam bek long Telefomin long dispela taim, mitupela amamas. Orait, Lindsay na Meryl i beten long Papa God. Papa God i tokim mipela – sapos yutupela laik go, bai Mi lukautim yutupela. Tupela pikinini bilong mitupela, Natalie na Leighton, i harim dispela samting na tok – mipela laik go wantaim yutupela. Natalie i stap klostu long yupela. Em i wok long Port Moresby tripela yia. Em i laik go bek na lukim long Telefomin gen. Natalie i wok long helpim ol manmeri i gat sik lepra. Em i save pinis long we bilong pasim dispela sik, na gavman i helpim em. Leighton, em i namba wan ensinea long bisnis em i stretim ol ensin bilong bikpela balus.

Silas Neksep i raitim pas long mipela na askim mipela long raitim stori bilong Telefomin. Mipela raitim wanpela buk long laip bilong mipela long tok Englis na God i tokim mipela – Mi laikim yutupela raitim hap long tok Pisin. Dispela hap i gat tok long Telefomin, na taim mipela i stap wantaim yupela. Mi wok olsem na givim em long yupela. Nau mi raitim em, masin i wokim planti na nau yu holim dispela long han bilong yu. Sapos yu laik baiim wanpela long tok Englis, orait email bilong mi i olsem – lindsay.smith1936@gmail.com Dispela i olsem orda na mi ken tokim yu long pe bilong em.

YUMI MAS I STAP WANBEL NA MEKIM GUT LONG OL ARAPELA

Ating Krais i save strongim bel bilong yupela?
Ating em i save laikim yupela tru na mekim bel bilong yupela i stap isi?
Ating yupela i stap insait long laip bilong Holi Spirit?
Ating yupela i save sori long ol arapela na marimari long ol?

Sapos olsem, orait yupela mas mekim ol gutpela pasin, na amamas bilong mi bai i pulap tru. Yupela olgeta i mas holim wanpela tingting tasol, na bihainim wanpela pasin bilong laikim tru ol arapela. Yupela i mas i stap wanbel tru. Yupela i no ken tingting long yupela yet tasol, na wok long kamapim biknem bilong yupela. Nogat. Yupela i mas daunim yupela yet na yupela i mas ting pasin bilong ol arapela i winim pasin bilong yupela. Yupela i no ken lukautim ol samting bilong yupela tasol. Nogat. Yupela wan wan i mas lukautim ol samting bilong ol arapela manmeri bilong yupela na helpim ol long i stap gut.

Yupela mas holim wankain tingting olsem Krais Jisas i bin holim.
Em i stap gut tru, tasol em i no ting long holimpas dispela pasin bilong i stap wantaim olsem God. Nogat.
Em i lusim dispela pasin, na em i kamap olsem wokboi nating.
Em i kamap olsem man na ol man i lukim em i stap man tru.
Na em i daunim em yet na i bihainim tok bilong God, i go inap long em i dai, yes, inap long em i dai long diwai kros.
Long dispela as tasol God i liptimaptim Jisas na mekim em i stap antap tru. Na God i givim em wanpela nem i gutpela tru na i winim olgeta arapela nem.
Em i givim dispela nem long Jisas, bai olgeta ensel na olgeta man na ol arapela samting i stap long heven na long graun na aninit long graun ol i ken brukim skru long ai bilong Jisas na i stap aninit long em.
Na olgeta bilong ol i ken tokaut olsem, "Jisas Krais em i Bikpela," na ol i ken givim biknem long God Papa.

FILIPAI 2/ 1 – 11

Sapta 1

Laip bipo long mipela

Lindsay Smith i kamap nambawan pikinini bilong Papa na Mama Smith. Bihain narapela brata Mama karim na bihain gen wanpela susa Mama karim. Twenty yia i go pinis na tripela i pinis long skul na tripela i go long Universiti. Lindsay i kamap tisa. Brata bilong em i kamap Dokta, na susa bilong em i kamap tisa. Brata bilong mi i bin maritim wanpela meri na tupela i go long Thailand, na wok long 49 yia long dispela ples. Susa i go long Wewak na kamap tisa long Intanasonal skul insait long Wewak.

Tripela yia i go pinis na Lindsay i harim tok long Papa God long kisim trening long kamap wasman. Em i bihainim dispela. Narapela 3-pela yia i go pinis na em i redi long wok misinari.

Wanem long Meryl?
Papa na Mama bilong Meryl i kisim wok long misinari long China, long yia 1932. Mama i karim 4-pela pikinini meri na Meryl em i namba 3. Bihain taim pikinini i redi long skul, na 3-pela i go long Misin skul. Long yia 1950, Gavmen long China i no laikim olgeta misinari i stap, na Gavmen i rausim olgeta misinari i go pinis. Papa na Mama bilong Meryl i sindaun liklik long Australia, na bihain tupela i tingting long go long Japan na autim Gutnius bilong Jisas long Japan. Orait Meryl na namba 4 pikinini i go wantaim em na em i stap 3-pela yia. Bihain i kam bek long Australia taim 3-pela yia i go pinis, na 4-pela pikinini olgeta i stap long Australia. Papa na Mama i go bek gen long Japan.

Long yia 1961, Mama bilong Meryl i kisim bikpela sik na em i dai pinis. Papa i go bek gen long Japan.

Meryl i pinis long High School na em i kisim wok long mekim marasin. Long dispela taim Lindsay i laikim Meryl, na tupela i stat long tingting long wok misinari. Long yia 1964 i kamap klostu pinis, Lindsay i maritim Meryl na tupela i redi long wok misinari. Misin i tok, mi laik yu tupela i go long Irian Jaya.

Misin i wok long kisim visa, tasol Indonesia i bosim Irian Jaya, na em i no laikim misinari i kam long dispela ples. Ol i pasim dua long boda. Misin i tokim Lindsay na Meryl, yutupela go long Papua New Guinea pastaim na helpim Keith Bricknell long Tekin. Sapos Indonesia i senisim tingting, orait yutupela ken go long hap sait. Tasol, Indonesia i tok mipela pasim dua pinis. Lindsay na Meryl i sindaun long Tekin. Tupela i wokim bushaus. Em tu laik kisim save long tok ples bilong Tekin.

Wanem Stori bilong Telefomin?

Long 1936 wanpela man i wokabaut long Fly River na i laik painim gold. Nem bilong em i Jo Burke. Em i no painim gold. Tok win tasol ol i tok – i gat gold long Telefomin. Em i harim dispela tok na Jo Burke i go long Telefomin. Em painim rot long brukim dispela Hindenburg Wall na em i kamap long Feramin na liklik moa wokabaut i kam pinis long Telefomin. Ol lain bilong Telefomin ol i no laikim dispela man na laik kilim em. Jo i no painim gold long Telefomin na wanpela de em i lus long dispela ples na go hap sait long wara Sepik, klostu long Urapmin. Em wokabaut i kamap klostu long lain bilong Eliptamin. Ol man hia i no laikim dispela man i wokabaut long ples bilong ol na ol laik kilim em. Jo Burke i go moa na lain bilong Mianmin i no laikim em tu. Orait lain bilong Jo Burke i brukim wanpela bris na Mianmin man i no ken kam long hap long kilim em. Jo Burke i wokabaut planti de na bihainim wara Sepik. Bihain em kamap long Wewak na em i go pinis.

Long 1937, tupela kiap lusim Daru na ol lain i wokabaut i kamap long Olsobip. Dispela tupela man nem bilong em, Taylor na Black, i laik go antap long Hindenburg Wall na em i painim man i save pinis long rot i go long Feramin. Ol i go moa na painim Telefomin. Tupela i stap long Telefomin sampela taim na em i tok long Sunei. Em askim em i laik

Laip bipo long mipela

Jo Burke na glida balus na stori bilong taim i kam long Telefomin long 1936

Sunei, em i tanimtok long Gavmen

Telefomin haus

Telefomin, ol haus na ples balus

kamap tanimtok long em na go wantaim em long Mount Hagen. Sunei i laik go. Ol lusim Telefomin na i brukim wara Strickland. Taim em i brukim wara Strickland, wanpela kiap i klostu dai long wara tasol ol i kisim em kwiktaim na i kamap orait gen. Ol i wokabaut planti mun na i kamap long Mount Hagen.

Long 1940, taim World War 2 i stap, lain bilong Japan i kam pait long PNG na Australia i no laikim dispela samting. Ol Australia i pait long em. Wanpela man long Madang, Mick Leahy, em i save long Telefomin, na em i askim Ami long bikpela balus, ol i kolim DC3, i ken pulim glida balus long rop i ken bihain long em. Ol i flai i go long Telefomin, bilong wokim gutpela ples balus inap long paitim wantaim Japan.

Wanpela de, 7-pela DC3 i pulim 7-pela glida balus na i lus long Madang na i flai i go long Telefomin. Insait long dispela glida balus i gat sampela man na trakta, na liklik buldosa.

Taim balus i kamap long Telefomin, DC3 i lusim rop na 7-pela glida balus i pundaun long graun. Olgeta man i stap insait long glida balus i no bagarap, na ol i kisim dispela masin na wokim gutpela ples balus. Bihain, taim ol i pinis wanpela DC3 i kam na kisim olgeta man i bin wok strong na ol i go bek long Madang. Dispela Ami-man i ting – sapos lain bilong Japan i stap longtaim na i kam klostu long Telefomin, Ami Balus i ken sindaun long Telefomin na bringim soldia inap long paitim em. Tasol America i helpim Australia, na i bin pait i pinis long 1945 long Wewak.

Long 1949, Gavmen bilong Australia i salim sampela kiap i go long Telefomin, na sindaun long Telefomin na stat long helpim ol. Ol lain bilong Telefomin i pret liklik, tasol i no paitim ol.

Long 1951, Don Doull na John Green i kamap long Telefomin na bin tokim ol long Misin i ken stap long Telefomin wantaim kiap. Tupela misinari i wok long tupela yia na autim tok bilong Papa God. Don Doull na John Green i go bek long Australia, bilong kisim win. Don em i maritim Elaine taim i stap long Australia. Narapela misinari, Norman

Laip bipo long mipela

Haus Lindsay wokim long Tekin

Sista Betty wokim klinik

Wokabaut long rot wantaim God long Telefomin

Doug Vaughan i kirapim Buldosa bilong taim bilong bikpela pait, 1943. i wokim em long Feramin Ples balus.

Long 1965 trakta i stap yet klostu long ples balus long Feramin

Draper i kam long senisim long tupela na em i stap long Telefomin. Tasol sampela trabel nogut i kamap long sampela kiap, na em i bin mekim pasin nogut long sampela meri.

Long Novemba 6, 1953 Gerald Leo Szarka, na Geoffrey Brodribb Harris na tupela polisman, i dai pinis long han bilong ol lain bilong Telefomin long Sandaun Province. Tupela i dai long Eliptamin na tupela i dai long Komdubip.

Lain i bin kilim kiap na polisman i laik go kwiktaim long ples balus na tromwe bikpela diwai long bagarapim em na balus i no inap pundaun. Wanpela man long Eliptamin i pret na run kwiktaim long misin na toktok long Draper. Draper i go long gavmen opis long singaut long redio long gavman man i stap long Wewak – kwiktaim, salim polis i kam long Telefomin.

Draper i lukim pikinini bilong hetman bilong Drolengdam na holim em long haus. Balus wantaim polisman bilong Wewak i kam kwik bipo ol i bagarapim ples balus. Em i kotim 200 man. Ol i kirapim 4-pela kot na 34 man i go long haus kalabus long Wewak inap long 10-pela yia.

Don na Elaine Doull i kam bek long Telefomin, wantaim Sista Betty Crouch. Don, Elaine, Betty na nupela lain kiap i pret liklik, tasol olgeta wok long Telefomin i kamap gutpela ples.

Sista Betty em i stat long helpim olgeta meri long karim pikinini pinis. Bipo, planti pikinini i dai kwiktaim, tasol nau Sister Betty em i skulim ol long kam long klinik, na olgeta samting i klin pinis, na pikinini i stap strong. Em i gat planti marasin bilong helpim ol long skin i hat, na bel i pen.

Long dispela taim Gil Macarthur i kamap long Telefomin na em i autim tok bilong Papa God. Em i kisim sampela save long tok ples na em i tokim planti manmeri long Papa God. Em i no stap longtaim, na em i go long narapela ples.

Ples balus Tekin

Meryl na wanpela mama i givim susu long tupela pikinini long botel

Eliptamin ples balus

Sapta 2

Developmen

Doug na Rosemary Vaughan i kamap long Telefomin, na Doug em i wasman na em i gutpela ensinea. Em i kirapim wanpela somil, na ol i bringim diwai long bus, na Doug i baiim ol, na katim diwai inap long wokim sampela haus, na antap long dispela haus em i putim kapa. Doug na Don i wokim tripela haus bilong misinari. Em i wokim klinik haus long Sista.

Long dispela taim sampela man i kam long Don na tokim em olsem, mipela laik kamap Kristen. Nem bilong dispela lain em i Wesani, Yemis, Diyos na Makis. Bihain arapela man i laik bilip long Jisas na kamap Kristen tu. Orait Don i wokim haus bilong Baibel Skul na sampela haus slip long taim ol i kam kisim save, na bihain go bek long ples na autim tok bilong Papa God. Dispela lain ol i kolim ol wasman.

Doug em i kisim sampela buldosa bilong yia 1943, na i mekim wanpela i kamap gut gen long wanem i bin stap nating longtaim. Lain bilong wok wantaim Doug i brukim buldosa hap hap, na karim i go long Feramin, na Doug i wokim ples balus na i hat wok long dispela masin.

Doug em i mekim gutpela wok long Telefomin, na Don em i amamas long wok wantaim Doug. Tasol long dispela taim Doug Vaughan i kisim bikpela sik, na klostu dai. Wanpela balus i kam kwiktaim na kisim Doug i go long Wewak na Dokta i helpim em i kamap orait liklik. Dokta i tokim Doug – moabeta yu no inap go bek long Telefomin. Don, Elaine na Betty ol i sori tumas tasol God i save. Ol man bilong Eliptamin i tokim Don long wokim ples balus long Eliptamin. Don em i amamas, na baiim spet, pika, na arapela samting bilong helpim em long wokim ples balus.

Long dispela taim Don i kirapim wanpela stua long ol manmeri i ken baiim tin pis, rais, klos, akis, busnaip, na planti arapela samting. Ol kiap i patrol moa na bihain givim pe long mani long lain bilong em. Misin tu i givim pe long mani long wokboi. Ol i amamas long baiim ol gutpela samting.

Long 1966, God em i tokim Don na Elaine long lusim Telefomin na go long Port Moresby na kamap namba wan wasman long PIR Ami. Don i tok long misin insait long Australia long husat i ken senisim em. Misin i tok long Lindsay na Meryl i ken kisim ples bilong Don na Elaine na Sister Betty i ken stap yet.

Mipela lusim Tekin pinis. Brian na Jean Beaver ol tu i stap long Telefomin na go long liv. Tasol, bipo Brian i lusim Sydney em i baiim wanpela gutpela sobens i strong pinis, na sampela rola, na sampela bikpela so. Wanpela bikpela balus i bringim i kam long Telefomin, na Graham Davy kirapim em, redi long katim diwai stret pinis. Lindsay i no save gut long dispela, tasol em i wok long kisim save pinis long olgeta samting long somil. Tit bilong so i mas kamap sap moa, olsem naip i sap.

Long 1966, Gavmen bilong Australia i pret liklik long Indonesia nau i stap long Irian Jaya. Australia em i tingting Indonesia i laik kisim Papua New Guinea tu. Nau em i bringim bikpela buldosa long wokim bikpela ples balus, inap long 5,000 fit no 1,700 meta. Tasol i nogat balus inap kisim bikpela buldosa bek gen, na em i stap long Telefomin, na i no inap wok moa.

Gavmen i lusim tingting long dispela masin. Lindsay i go long Wewak, na askim Gavmen long baiim dispela masin. Ol i bin lusim tingting olgeta long dispela masin i stap long Telefomin. Nau mi tok mi baiim long $50. Ol i amamas long dispela, na mi baiim em pinis. Graham i kisim ensin bilong dispela tasol na pulim i kam long somil. Graham i stretim ensin, na i kirap olsem nupela masin, na em i wok planti yia.

Long haus slip bilong ol misinari, i gat liklik generator. Dispela i putim pauwa insait long bateri na dispela bateri i mekim lait i kamap long tudak insait long haus long ol na long klinik. Em i mekim pauwa

Developmen

Misinari i wok long Telefomin na Tekin
Don, Elaine   Meryl na   Jean, Brian   Betty   Keith, Val,
na Valerie Doull Lindsay   na Debra   Crouch   Jennifer na Lyn Bricknell
                                 Beaver

Beten bipo somil i kirap long de

long wokim redio. Dispela redio i save toktok wantaim arapela ples i gat misinari, na em inap tokim MAF long ren, na klaut, na em inap singaut long balus i kam kwiktaim long kisim man no meri i gat bikpela sik.

Long dispela taim planti manmeri i harim tok long Telefomin, na sampela man na meri i laik kam lukluk nabaut. Olaman, olgeta kainkain man i kam. Dokta (marasin), agriculturalist (ol samting bilong graun – kaikai, na abus, olsem bulmakau), botanist (man bilong save long ol kain bus), geologist (bilong lukim ol rok na ston), Judge (wokim kot sapos wanpela i kirap nogut), lawyer (em tu bilong kot), ol Administrator (saveman), na nating man na meri i kam lukluk tasol.

Ol i laik stap wantaim kiap. Tasol kiap i no gat planti kaikai long lukautim dispela lain, na em i nogat planti bet, na em i no laik tromwe bia long dispela lain, nogat. Kiap i salim ol dispela lain i go long misin inap long misin i ken lukautim ol. Misin i nogat bia tasol i gat planti bet i stap.

Olgeta i holim wanpela mani tiket. Misin i kisim mani tiket long wan wan, na dispela mani i baiim diwai long somil, na mipela wokim 4-pela donga. Ol kamda bilong misin i wokim dispela donga, na dispela mani i kamap pe long ol wokboi husat i wokim haus.

Tasol, dispela donga em tu i pulim planti pauwa, na mipela stat long painim bikpela pauwa masin inap long givim planti pauwa. Gavmen i statim kopi long Papua New Guinea, tasol em i no baiim bikpela masin pauwa. Masin long bipo em i no inap. Gavmen i baiim bikpela masin moa. Misin i baiim olpela masin pauwa, na bringim em i kamap pinis long Telefomin. Graham em i stretim em, na nau misin i gat pauwa inap long olgeta samting long misin.

Long taim Lindsay i stap long Baibel Kolis long Australia, i gat tupela arapela man i laik kisim save long wok bilong wasman. Dis tupela man bipo em i wok long sanapim pos na putim waia antap long em na karim waia i go long olgeta haus, na tu waia i go insait long haus. Lindsay i kisim save pinis long dispela wok, inap long wokim olsem long

Telefomin. Graham i mekim masin i redi pinis, nau em i statim em, na pauwa i go wantu long olgeta haus, na donga, na klinik. Dispela samting em i gutpela tru.

Misin i baiim wanpela masin bilong wasim klos. Taim pauwa i wok long moning, Akis i putim klos insait long masin. Tasol Akis i no amamas long dispela masin. Em i lukim klos na em i tok olsem – em i no klin pinis. Mi laik go bek long dispela kopa na kirapim paia aninit long em na kukim klos pinis. Nau Akis amamas, na klos i klin pinis.

Long dispe!a taim Gavman i kirapim Primari Skul na mipela askim Misin long Australia long painim sampela tisa em i kristen. Ian Ament, na brata bilong em David, em i kam long Telefomin na kamap tisa long Skul. Bihain, narapela tisa i kam, nem bilong em Warwick Murray.

Bipo yet, long yia 1932, i gat 4-pela man bilong Australia, i kamap misinari long China. Nem bilong ol, Eric Norgate, Bob Ament, Fred Smith, na Arthur Kennedy. 4-pela i wanbel long wok bilong autim Gutnius. Pikinini bilong dispela lain nau ol i bung long yia 1966 long PNG.

Margaret Cupit, long Baiyer River, (pikinini bilong Eric Norgate), Ian na David Ament, pikinini bilong Bob Ament; Dr. Cliff Smith long Baiyer River (pikinini bilong Fred Smith) na Meryl Smith (pikinini bilong Arthur Kennedy) olgeta i wok long misin.

I gat narapela stori. Misin i painim narapela sista i ken kam long Telefomin inap long helpim Sista Betty. Nem bilong em Lynette Stevens. Orait, Ian Ament i no laik mekim kaikai long em tasol. Planti apinun em i kam long Misin na kaikai wantaim ol. Tasol, Ian i gat arapela tingting. Em i lukim dispela yangpela sista, na em i laikim em. Bihain Ian i go pinis, na Lynette i go pinis, na tupela i marit, na tupela i go long Northern Australia na helpim ol nambawan lain long Australia, ol i kolim ol Aborigine.

* * * * * * *

Taim Meryl i karim Ivan pinis, mipela i lus long Baiyer River, na kam bek long Telefomin. Papa na Mama bilong mi (Lindsay) i laik kam long PNG na luk save long nupela pikinini. Tupela i kam pinis. Mipela wokim wanpela donga redi long em tasol i no pinis olgeta. Papa bilong mi i save long pinisim em na kwiktaim em i mekim donga gutpela tru. Papa bilong mi i painim planti wok nabaut. Em i wok wantaim somil lain, em i draivim traka na planti arapela samting. Mama bilong mi em i laik helpim Meryl tisim meri long rit na rait, na long sewim laplap long mekim klos. Mama i smat moa long dispela wok long mekim klos. Bipo em i marit em i kamap bosmeri long skulim planti meri long Australia long bikpela faktori, long Melbourne.

Long yia 1968, klostu long Krismas, mipela go long Baiyer River gen na Meryl i karim namba tu pikinini. Em i meri, nem bilong em Natalie. Long dispela taim, Papa bilong Meryl, em i bin go malolo long Australia, em i kisim balus i kam long Wewak, na MAF i bringim i kam pinis long Telefomin. Nem bilong em, Arthur Kennedy. Em i save pinis long wok bilong misinari long Japan. Em i amamas long lukim Telefomin na sindaun wantaim mipela. Tasol, em i gat bikpela wari. Ol lain long Telefomin, i no olsem Japan. Long Japan, olgeta man i save rit na rait. Japan i gat planti bikpela faktori na ples wok, na ol man i no wokim gaden, Nogat. Ol i baiim olgeta kaikai long bikpela stua.

Developmen

Ples slip bilong lain i kam long Telefomin. Pasta's Baibel Skul.

Pauwa masin bilong kirapim lait.

Pikinini i kam long hostel na kisim save long Primari Skul, wantaim Boli na Wetrasep papa na mama long hostel.

Wokabaut long rot wantaim God long Telefomin

Namba wan pikinini bilong Meryl – Ivan

Mama bilong Lindsay i kam helpim mipela long Telefomin

Papa bilong Meryl i go wantaim long Lindsay long Misinmin

Tupela pikinini i kamap long sem de

Sapta 3

Wok – MAF balus, TDA, na Caribou

Long wanpela de insait long yia 1967, wanpela balus i lus long Telefomin na i karim tupela wasman, Kegim na Dakamnok, wantaim kepten. Planti klaut i stap antap. Kepten, nem bilong em John Harverson, i mekim balus i go antap long dispela klaut. Em i go raun, na raun antap long Olsobip, tasol em i no inap pundaun long ples balus. Orait em i tanim balus na em i laik kam bek long Telefomin. Tasol, klaut i go antap tru, na karamapim balus. Mipela tingting balus i bagarap long Hindenburg Wall, na tripela i dai pinis.

Elevenpela de, planti man na planti balus i kam long Telefomin, na lukluk planti, tasol ol i no inap painim dispela balus. Em yet i hait long dispela maunten. Ol misinari, na MAF, na ol Sios i gat bikpela sori long dispela. Ol i gat wanpela tingting. Tripela i stap long heven.

Misin em i tingting i gutpela sapos Sios yet i kisim dispela stua misin i bin statim. Dispela bisnis i ken winim sampela mani na givim pe long olgeta wasman long helpim ol. Mipela givim nem long stua, olsem Telefomin Development Association. Ol i kolim em TDA. Wanpela man, Graham Davy i bin kamap long Telefomin long helpim ol lain bilong misin. Em i kisim diwai long somil na kapa long Wewak, na em i wokim bikpela stoa. Sampela kamda bilong ples na Jimi Moduwa helpim tu.

Ol i amamas. Mipela harim tok long wanpela kampani i gat DC3 Balus, na em inap karim planti kago. DC3 i stat, na TDA i baiim planti kago long China, na bikpela sip i bringim ol kago i kam long Wewak. TDA i baiim balus na DC3 i bringim kago i kam long Telefomin. Mipela i gat redio inap long tokim tupela Kepten long DC3, na tokim tupela long klaut, na ren, sapos i kamap liklik. TDA i baiim bensin, na kerasin, na bensin bilong balus, na TDA i gat bisnis long dispela tu.

Sampela taim Gavmen long Wewak em i singaut long somil diwai inap long wokim haus. Somil i salim diwai i go long Wewak, na kisim mani long dispela wantaim. Long olgeta taim balus i kamap long Telefomin, em i karim samting bilong stua wantaim. MAF i bringim samting long stua. Misin i painim sampela manmeri i ken bosim dispela stua. Nem bilong dispela i Cyril Bulling, Alan Dreves, Alex na Joyce Conlin, Herman Kuiper, na las long ol Fred na Joy Smith. Fred na Joy i gat planti save long wokim stua, na i lusim dispela wok long ol misinari.

Fitegenal i stoa boi na em i lukautim stua gut. Em i draivim trakta na kisim ol samting long DC3 taim kago i kam pinis long Telefomin. Planti wasman bilong olgeta ples ol i kirapim liklik stua bilong ol yet, Na dispela em i helpim ol long kisim mani inap long baiim klos, akis, naip, na olgeta samting bilong ol yet. Ol man i gat gaden, ol i planim kaukau, taro na arapela pikinini kaikai misin i givim ol, olsem tomato, bin, na pumpkin. Ol man i gat pik wantaim.

Sapos man i gat planti pik, orait em i bikpela, na em inap baiim meri long marit. Tasol, sapos man i kilim planti pik na kaikaim em, orait i kamap liklik man na i no gat planti samting. Taim Don Doull i stap, em i skulim ol long givim liklik ofa long Sios, long olgeta Sande. Sampela i bringim liklik mani na givim long Papa God bilong helpim wasman i ken stap gut. Arapela i no gat planti mani, orait em i kisim sampela kaikai long gaden na bringim em long Sios na givim dispela long Papa God. Dispela tu em i helpim ol wasman.

Long 1972, i nogat ren i pundaun, na graun i drai olgeta. Kaikai i no kamap. DC3 i bringim kaikai tasol. Ol manmeri i laitim paia nabaut, na mumut i laik ronewe kwiktaim, tasol ol i kilim em na kaikaim em. Long wanpela de, DC3 balus i kam antap tasol smok bilong paia i strong tumas, na no inap lukim ples balus. DC3 i go raun planti taim, tasol i no inap pundaun. Dispela de i namba 206 taim i kamap long Telefomin,

Dispela rot ol wokabaut longtaim ol wok i go long autstesin

Dispela bikpela Hindenberg Wall i stap namel long Telefomin na Olsobip

Planti balus i kam long Telefomin bilong painim John Harverson

Wokabaut long rot wantaim God long Telefomin

TDA i kisim kaikai na ol samting long DC3

Planti DC3 i kisim olgeta samting

Fred na Joy Smith i lukautim Stua

stua i tromwe mani nating long baiim balus long dispela de. Insait long wanpela no tupela mun, ren i pundaun gen na smok i go pinis. Ol i amamas gen.

* * * * * * *

Mi gat narapela stori yu laik ritim. Leighton i kam bek long Australia wantaim mipela long 1980 na em i go long skul, na long high skul, na em i kisim trening long ensinea long stretim ol kain balus. Taim em i pinis, em i wok planti yia long wanpela Kampani, na i kamap nambawan ensinea. Dispela Kampani i wok long karim p!anti samting i go long Antarctica. Antarctica i wanpela ailan i stap long ples i kol tumas na ol graun em i karamap long ais oltaim. Leighton em i go wantaim tupela kepten, na em i tok wantaim em. Wanpela kepten i tok – bipo long dispela wok mi bin stap kepten long DC3 balus, na mi wok long PNG. Planti taim mi karim sampela samting long Wewak, na i go long Telefomin. Leighton em i tok – Telefomin em i ples Papa na Mama bilong mi i bin stap. Kepten em i tok – mi save long Papa bilong yu, nem bilong em Lindsay. Tupela i toktok planti long dispela samting.

MAF i save long Leighton i wok long Kampani i lukautim planti balus. MAF i askim em long kamap siaman long komiti i lukautim ol samting bilong MAF.

Wanpela de tupela Caribou Balus bilong Ami i lus long Wewak na i laik go long Telefomin. Kepten bilong namba wan balus i save pinis long ples balus long Telefomin, tasol namba tu Kepten i no save. Namba wan balus i kam pinis long Telefomin, tasol namba tu balus i hait liklik long klaut na em i no lukim namba wan balus i go we. Klostu long Telefomin, em i lukim Eliptamin, na em i tingting dispela em i Telefomin, na em i pundaun pinis long Eliptamin.

Kepten i tok long Akis Kamasep – Dispela em i Telefomin o nogat? Akis i tok – Nogat. Kepten askim – Telefomin i stap we? Akis i tok olsem – yu mas bihainim dispela bikpela maunten inap long winim Telefomin.

Wokabaut long rot wantaim God long Telefomin

Ol I brukim Caribou redi long kisim i go long Wewak

Bris em i crosim Riva Sepik

Tasiok i kirapim klinik long Eliptamin

Orait Kepten i tok – ol manmeri i mas klia long graun klostu long dispela klinik. Kepten i laik putim balus klostu long klinik pastaim. Bihain taim i kirap, em inap tanim balus i bihainim ples balus stret.

Akis i tok – nogat. Graun i no strong klostu long klinik. Yu mas go isi na stap stret long ples balus tru. I gat gutpela graun namel long ples balus, na yu inap kirap i go. Kepten i tok nogut long Akis. Em i tingting Akis i no save pinis long gutpela Caribou Balus. Nau Kepten i stat klostu long klinik na i go kwiktaim. Tasol, em i no inap tanim liklik. Em i go stret insait long bus long hap sait na balus i bagarap pinis.

Planti Ami man i kamap long Telefomin wantaim planti balus na helikopta, na ol i stap 11-pela de na brukim dispela Caribou Balus, na karim planti samting bek long Telefomin insait long bikpela helikopta.

Bihain, long namba 12 de, wanpela bikpela helikopta i pasim rop long balus i bagarap na i pulim i go antap long bus. Em i go isi isi inap long pundaun long Wewak, na putim em antap long wanpela sip i stap long wara. Tasol, ol Ami man i no laik kisim bek olgeta gumi ol i slip long em, blanket, spet, tin kaikai, rop, na planti arapela samting. Na ol i tok mi givim long yupela, bilong wanem, yupela bin lukautim mi gut, na mi tok tenkyu. Mipela putim gumi na blanket insait long donga, na sampela tin kaikai i go long TDA stua na sampela i stap long misin. Rop i gutpela na i go long somil.

Wokabaut long rot wantaim God long Telefomin

Amusep i kamap gutpela Pasta long Mianmin

Wasman i kisim save long wok bilong Wasman

Sapta 4

Wok bilong autim Gutnius na skulim ol i bilip

Long taim bipo, wanpela man i kirap nogut long Mianmin, na Kiap i harim dispela tok na salim Policeman bilong kisim em i kam bek long Telefomin. Ol i kotim em, na Gavmen i salim em i go long Haus Kalabus long Madang, Nem bilong dispela man, Amusep. Amusep i stap long Madang inap long 5-pela yia, Insait long dispela taim, wanpela wasman bilong Lutheran Sios i go long Haus Kalabus planti taim na i autim tok long Gutnius bilong Jisas. Amusep i kisim dispela tok na tanim bel na bilip long God.

Taim em i pinis long haus kalabus, em i go bek long Telefomin, na i tokim misinari olsem em i laik go long as ples bilong em na autim Gutnius long Jisas. Misinari i amamas long dispela samting. Na Amusep i tok – mipela mas wokim ples balus bilong mipela na yu ken kam lukim mipela, na Sista em i ken helpim ol meri na pikinini wantaim.

Long dispela taim wokman long Australia em i harim dispela tok, na sampela man i kam pinis long Telefomin, bilong helpim ol long Mianmin. MAF i kisim lain na kisim i go long Eliptamin. Ol i lus long Eliptamin na wokabaut long maunten na kamap pinis long Mianmin stret. Na dispela lain ol i hat wok long ples balus, na klostu long pinisim em. Bihain ol i wokabaut na kam bek pinis long Telefomin. I no longtaim na ples balus long Mianmin i op pinis.

✶ ✶ ✶ ✶ ✶ ✶ ✶

Taim mipela kam long Telefomin, mipela stat long helpim ol long rit na rait. Mipela wokim sampela buk i gat piksa, na tok ples bilong Telefomin. Dispela i orait long Telefomin, tasol mi painim 10-pela moa ples i no save long Telefol. Tok ples bilong em i narakain olgeta.

Tisa wokim sampela moa buk long Tok Pisin. Bilong wanem, ol kiap i tok pisin long olgeta, na kwiktaim ol i kisim save long tok pisin. Kiap i givim wok long tanimtok na ol i harim pisin wantaim tok ples.

Sampela arapela Misin i bin wokim buk long tok pisin, na mi kisim dispela kain buk na bringim i kam long Telefomin. Wanpela misin i bin wokim Nupela Testamen long tok pisin na sampela stori long Olpela Testaman. I gat wanpela wari. Dispela tok i no tok long bel bilong ol. Alan and Phyllis Healey (Alan na Pilis Hili) i kam na tanim tok long Nupela Testamen long tok ples, na mipela wokim planti buk i isi long ol man na meri long Telefomin i ken ritim.

Taim ol wasman i kam long Baibel Skul mi soim ol long dispela samting na helpim ol long tokaut long olgeta Sande.

Tisa skulim ol long namba, na ol samting long mani. Kamda skulim ol long pasin bilong wokim haus.

Tisa helpim ol long baiim kapa na mekim gutpela rup long haus. Mipela helpim ol long baiim tang long wara na pasim tap long em.

Mipela skulim ol long mekim gutpela smolhaus, na brukim graun inap long wanpela hul i go daun dip.

Mipela tokim ol long kamel, na meme, na lion, na sipsip. Ol i harim stori long meri i karim wara insait long bikpela baket, na putim em antap long het, na wokabaut i go long haus bilong em.

Ol i harim ol tok bilong Jisas, tok long parabel, na long mirakol. Ol i harim tok long Jisas i pikinini bilong God. Ol i harim tok Jisas i kam daun long graun na dai pinis long karim sin bilong olgeta. Ol i harim tok long Jisas i kirap bek gen. Ol i harim tok long Holi Spirit. Mipela tokim ol long heven na hel.

Taim Sios i kamap strong, mipela misinari salim sampela man na meri i go long Kristen Lidas Trening Kolis (C.L.T.C.) long Banz, bilong kisim planti moa trening.

* * * * * * *

Taim Independence (1975) i kamap, Papua New Guinea kwiktaim em i kam insait long Sentuari 20. Ol skul i tok Englis tasol. Planti man

Wok bilong autim Gutnius na skulim ol i bilip

Planti Sios i baiim kapa na putim tang long em na ol i ken kisim klinpela wara

Yemis na Silas i kisim gutpela trening long CLTC, long Banz

Akis i kamap nambawan Presiden bilong Lokal Gavmen Kaunsil

na meri i go long Baibel Kolis. Gavmen i makim 17 pela Provins, na ol manmeri i mas lukautim gut Provins bilong ol. Ol i kirapim Lokal Gavmen Kaunsil. Akis, i bin wok wantaim mipela, i kamap Presiden.

Gavmen long Australia i kisim olgeta Presiden na kisim ol i go long balus long Australia, na soim ol long pasin long Australia. Ol i go long Canberra na luk save long Gavmen. Ol i tok planti long man bilong Gavmen.

Taim Akis i kambek long Telefomin, mi askim em long ol dispela samting.

Akis i tok –

1. Ol rot i gat kar, na ol i ran olsem wara – kwiktaim moa i go i go.
2. Mi gat sem, taim i lukim sampela ples i gat planti pikinini na i nogat Mama na Papa i lukautim ol.

Akis i tok – Long ples bilong mi yet, narapela meri i gat susu em i kisim pikinini na lukautim, sapos Mama bilong en i dai.

3. Mi lukim wanpela bikpela viles na ol lapun Mama na Papa i stap long dispela.

Akis i tok – long ples bilong mi, mi kisim lapun Mama na Papa na i kam long haus bilong mi na mi yet i save lukautim tupela. Lapun Mama na Papa i no inap wokim gaten, no brukim diwai, no wokim haus.

4. Mi i lukim sampela man i dring bia tumas, na ol i slip long ples wokabaut. I no gat man i helpim ol.
5. Taim ol i pinis long lukluk nabaut, wanpela Gavmen man i askim ol, sapos yu laik slip wantaim meri orait mi ken painim sampela na yu ken slip wantaim em.

Akis i tok – Olaman! Ating Australia em i kristen kantri? Wanem dispela tok long pamok? Em i no stret.

Mi bekim Akis – I tru long viles bilong yu i winim pasin bilong waitman. Yupela ken wokim ol gutpela samting na maski long pasin nogut.

Sapta 5

Sampela liklik stori i kam long Lindsay

Primas long Sista
Sista Betty i gutpela meri tasol i no gat man long stretim samting i bagarap long haus na ol samting i stap nabaut tu. Betty listim i gat samting olsem 25-pela samting em laikim ol i ken stretim. Wanpela samting em i liklik Primas stov. Planti taim mi (Lindsay) bin senisim drum long kerasin taim em i bruk, planti taim lek i bruk, het bilong primas i paiarap nogut, pum na wasa i kranki na antap hap bilong putim sospen i nogut. Ogeta samting long dispela primas mi bin senis planti taim. Tasol Betty i tok – dispela primas em i namba wan bilong mi. Em i tok – mi nogat arapela primas dispela wanpela tasol istap. Planti de Akis i putim narapela sia long tabel bilong haus long Lindsay na mekim kapti, long wanem Betty save dispela taim em i ken sindaun na toktok long lista bilong em wantaim mi.

Taim long bung kaikai
Gavman i bringim sampela pikinini bulmakau long Telefomin. Em ting long kirapim sampela wok bilong em long helpim mit kaikai inap long ol. Tasol liklik bulmakau i save kamap bikpela bulmakau sapos i gat kaikai inap. Em i olsem long Telefomin. Ol i no banisim bukmakau na olgeta i go nabaut nabaut nating.

Wanpela de mipela long misin i laik wokim bung kaikai long haus bilong Lindsay. Ol i bringim kaikai na bungim wantaim kaikai arapela i bringim. Sista Betty wokim tupela kain kaikai – wanpela i gat mit na arapela i nais swit kaikai. Orait, i no longwe long haus bilong Lindsay na Betty i karim wanpela kaikai long wanpela han na narapela kaikai long arapela han. Tasol taim em i lusim haus bilong em, tupela bikpela bulmakau i laik pilai olsem wanpela i paitim het bilong arapela na Sista Betty i stap namel. Sista i wokabaut liklik na tupela bulmakau paitim het. Sista i wokabaut liklik moa nau dispela tupela bulmakau i pait gen na i kamap olsem singsing – Sista i wok hap taim na bulmakau i pait hap taim. Mipela long haus, was long dispela singsing bilong ol na lap nogut tru. Mipela ting long dispela kaikai i no inap kamap long haus bilong mipela. Nogat tru! Sista i winim rot na kisim i kam – tasol Sista i klostu longlong na klostu krai long pret long kapsaitim kaikai.

Guria

Guria i kam long ples sampela taim. Taim tang bilong wara i sanap antap long tebal na guria i mekim tang wokabaut long tebal na pundaun long graun na bruk. Dispela i nogut. Wanpela nait long biknait tru, guria i stat na mi (Lindsay) kirap kwik long luk save wara i no wokabaut. Mi ting long mi gat taim inap long kirapim pikinini bilong mi na lusim haus o nogat. Sutlam i stap long han bilong mi na mi go aut long veranda na holim diwai long rup inap long lukluk raun. Lait i soim mi, mi lukim stret long ai bilong bulmakau na ai bilong em lukim klostu tru long mi. Mi tokim em – wanem yu stap hia? Sapos em inap, ating bulmakau tok bek olsem – Sol bilong mi i skrap na haus bilong yu i gutpela ples long skrapim em. Mi laik skrapim. Tasol mi bekim em – aninit long yu i gat diwai long karamapim hul bilong pekpek. Nogut yu brukim diwai na pundaun insait. Mi ranwe na yu dai pinis long ples nogut. Bulmakau i tok – Tenkyu long tok save long mi. Mi klia nau. Gude.

Sisis bilong katim kapa

Mi gat tripela sisis bilong katim kapa na i gat planti wok bilong em long wok misin. Sampela taim man long ples i askim mi long em i ken kisim wanpela long katim kapa long rup bilong haus long ples. Sampela taim em kisim sisis i go long katim ain long wokim het bilong spia long sutim pik. Ol misinari i gat olsem. Dispela pasin i go bek long taim misin i stat long 1951.

Orait, long dispela de long 1967 mi gat wok long em. Yu ting mi ken painim wanpela long em – nogat tru! Em i stap we – mi no save. Ating mi bin givim long wanpela man long ples na i no kam bek yet.

Nau mi go long motabaik na kamap long Drolengdam Namba wan. Mi singaut long ol i ken harim – Wanpela hia i bin kisim sisis bilong katim kapa bilong mi na i stap wantaim yu liklik taim. Plis, yu bekim long mi dispela apinun. Mi go long Drolengdam 2 na tok gen olsem. Ankebip na Kupbrenmin tu, mi singaut long sisis bilong katim kapa. Ating Wara Sepik i longwe tumas na mi go bek long misin.

Long apinun mi painim 14-pela sisis bilong katim kapa i stap long veranda. Longtaim mi lukim ol i stap, sampela i gat nem long ol. Sampela i gat nem Doull rait long em, arapela i gat Vaughan na McArthur, tupela i gat nem long Draper. Tupela i gat nem mi save – em bilong mi. Akis i tok save long mi – ol i no bin stilim long ol misinari, ol i bin kisim long wok tasol olsem na ol bai i kisim i kam bek.

Sapta 6

Laip i go het

Long yia 1971, Meryl i go long Wewak Haus Sik, na em i karim namba tri pikinini. Dispela em i Leighton. Nau Meryl i gat planti wok i stap. Em i skulim ol meri long rit na rait. Na em i skulim Ivan wantaim. Natalie i stap tu.

Long dispela taim Papa na Mama bilong Lindsay i kam bek gen long Telefomin. Em i helpim Meryl long ol dispela wok. Sampela taim Natalie em i go long donga na helpim Bik Mama long wasim klos. Tasol, Natalie i no stap longpela taim. Em i laik i go bek long Mama bilong em.

Long skulim Ivan, Meryl i bin kisim pepa long Australia, na wok wantaim em. Wanpela de Ivan i tokim Mama olsem – long wanem mi no inap go long Wewak na sindaun wantaim arapela misinari pikinini na go long skul long Wewak. Pikinini bilong Jean Beaver em i go tasol mi no inap go.

Dispela tok i sutim bel long Meryl. Meryl i askim Papa God long dispela, na Papa God i tok – em i orait. Mi inap lukautim pikinini bilong yu wantaim arapela misinari pikinini. Orait, Ivan i go long skul long Wewak. Skul i pinis long 3 klok, na olgeta pikinini i stap long Baptis Hostel, em i go long solwara. Na ol i go aninit long solwara na go nabaut olsem liklik pis i stap.

Long dispela taim susa bilong Meryl, wantaim man bilong em na tupela pikinini ol i kamap long Telefomin, na em i helpim mipela long olgeta samting. Man i kamda na helpim planti. Liklik taim moa Meryl i redi long karim namba four pikinini, na em i go long Wewak, na Brendan i kam pinis. Em i kam bek long Telefomin na Ivan, Natalie na Leighton i amamas moa yet long dispela liklik pikinini.

Laip i go het

Ol Nes i kisim trening

Steinkraus famili i dai pinis long Tifalmin

Graham i maritim Lynn long Telefomin

Ol pikinini bilong Smith famili

Sista Betty i harim tok long wanpela hul long graun i stap long Komdubip. Planti ston i kamap kwiktaim long hul, na i stap nabaut nabaut. Ol ston i gat mak bilong pis, na haus bilong pis. Stori bilong dispela hul i go nabaut na planti Universiti i singaut long ol i laik baiim sampela ston. Sampela wokboi i mekim bokis long somil diwai, na pulimapim bokis, na mipela salim i go long planti Universiti. Ol University i givim bikpela pe long dispela.

Sista Betty i tok olsem – nau mi gat mani inap long wokim wanpela Skul long trenim planti nes i save olsem mi. Misin i makim Martin Kleeman na meri bilong em, Judy, i ken kam long Telefomin na wokim dispela skul. Judy em i wanpela sista na em i helpim Sista Betty wantaim. Wanpela bung long Australia, ol i kolim Rotary em i givim sampela mani long helpim wantaim. Taim em i kirap pinis wanpela man bilong misin, Rev. Albert Dube i kamap, wantaim sampela Rotary man na ol i mekim beten long opim dispela Skul.

Bipo, Rev. Albert Dube i gat wanpela sekretari, bilong raitim planti pas na lukautim ofis bilong em. Nem bilong em Lynn French. Lynn em i laik lukim ol wok long misin na em i kam long Telefomin, na lukluk nabaut. Mipela tingting bai Lynn i go bek long Australia insait long tri wik. Tasol, em i laikim tumas Telefomin na em i stap longpela taim na helpim Lindsay long olgeta pas i mas raitim. Lynn em i painim planti wok long Telefomin, na bihain Graham Davy i stap, na em i laikim Lynn. Wanpela de Lindsay em i maritim tupela long Haus Lotu long Drolengdam. Tupela i helpim mipela planti yia. Ol man na meri i lukim pasin bilong tupela i marit. I no olsem Telefomin. Long Telefomin, tupela i brukim kaikai, na kaikaim em long taim tupela i stap long viles wantaim het man. Na tupela i marit pinis. Ol i tingting planti long tupela kain pasin.

Steinkraus famili bilong S.I.L. i dai pinis long Tifalmin
Long Sande apinun, Mas 21, 1971, mipela malolo liklik na harim bikpela nois. Mipela tingting ol bikpela nois bilong ren i pundaun long

Laip i go het

Tifalmin Viles i go pinis

Tifalmin Viles bipo graun i haitim em

Wokabaut long rot wantaim God long Telefomin

Ol i kisim baptism long Tifalmin

Pikinini i kam long Sande Skul

Telefomin. Mipela lukim skai, na i nogat klaut i stap. Wanem long dispela nois? I no longtaim, na helikopta bilong Kampani, i kam pundaun klostu long haus bilong mipela na kepten i tok – yu mas kam kwiktaim wantaim mi, long ol viles bilong Tifalmin i hait pinis, aninit long planti graun. Dispela graun i karamapim hap long ples balus wantaim. Kepten i tok – wanpela maunten i op pinis na ol graun i karim planti wara em i pundaun long ples bilong Tifalmin. Yupela mas kam helpim mipela long painim manmeri i aninit long graun. Orait, Brian na Lindsay i go long helikopta na luk save long dispela.

Mipela tingting husat i bin stap long dispela viles taim graun i pundaun. Mipela pret. Walter na Vonnie Steinkraus, na tupela pikinini meri i no stap nabaut. Arapela man na meri bilong Tifalmin ol i tok – sampela pren bilong mipela i no stap nabaut. Long 4-pela de, mipela rausim graun tasol mipela no painim man na meri. Long namba 5 de mipela lusim wanpela kapa na aninit long dispela kapa mipela painim namba tu pikinini bilong Walter na Vonnie. Em i dai pinis. Bihain, SIL, MAF na Misin i go long Tifalmin na mekim bikpela Lotu na askim Papa God long lukautim ol husat i dai pinis. 7-pela man na meri bilong Tifalmin i dai wantaim lain bilong SIL. Mipela sori tumas.

Sapta 7

Nius pepa long "Telefomin Times"

Planti taim mipela bin raitim sampela toktok i go long pren bilong mipela i stap long Australia. Mi bin wokim planti pepa i gat tupela sait i go long ol manmeri, na Sios wantaim. Ol i bin ritim toktok long Telefomin. Mi bin askim ol manmeri long Australia i ken beten long Telefomin inap long planti manmeri i ken tanim bel na kamap Kristen. lnsait long 15-pela yia mi bin raitim 18-pela pepa.

Wanpela de, Lindsay na Brian go long SIL helikopta long lukim ol graun nabaut nabaut, na tupela tingting i gat wanpela rot tasol long autim tok long planti manmeri i stap long bus. Mi mekim report long helikopta i namba wan long mekim dispela wok. Tasol MAF i no inap helpim mi. Orait mipela mas wokim planti ples balus pinis klostu long ples bilong ol. Olgeta manmeri nabaut ol i wanbel wantaim, na bikpela wok i stat long ples balus. I gat tripela ples balus i stap na Gavman i bin wokim em pinis. I olsem Olsobip, Yapsei na Freida. Nau misin i stat long wokim planti moa ples balus long Duranmin, Tifalmin, Busilmin, Tumolbil na Bimin. Bipo misin i bin opim Eliptamin, Mianmin na Feramin. Long sampela ples i no gat graun em i stret pinis.

Long 1971, wanpela wasman i kamap long Telefomin wantaim tanim tok, Galaimi, na i stap long wanpela Sande. Sios i pulap pinis, na planti manmeri i harim strongpela tok long ol i mas bihainim Jisas. Sampela i tanim bel.

Baptism long Tifalmin

Ol i wokim nupela ples balus long Tifalmin long sampela graun i go antap moa. 45 manmeri i kisim baptais. Dispela lain autim bilip long bel

Nius pepa long "Telefomin Times"

Ol i kam long lotu long Feramin

Ol i kam long olpela klinik long Feramin

Mipela wokim nupela klinik long olgeta ples balus

bilong em na ol i kisim bret na retwara na kam insait long lain bilong Sios. Dispela lotu em i bin wok long 3-pela pasta bilong ples na ol i bung long bikpela kaikai.

Long 1973
SIL painim nupela famili i go long Tifalmin long kisim ples long Steinkraus. Al na Susan Boush i sindaun na tanim tok long Buk Baibel. Nupela haus bilong em i klostu long nupela ples balus. Arapela SIL misinari i wok nabaut long Telefomin. Nem bilong em Frank na Charlotte Mecklenberg (Olsobip), Jean Smith na Pam Weston (Mianmin), Alan na Phyllis Healey (Telefomin) na Marshall na Helen Lawrence (Tekin). Dispela lain i tanim tok long viles bilong ol long tok insait long Buk Baibel.

Baibel Kolis bilong Kwinkia long Western Highlands
Mipela salim sampela manmeri i sindaun 3-pela yia long Kwinkia na kambek gen long save long Gutnuis.

Medikal emergensi
Sista Betty i go long balus wantaim Barbara Tasiok. Barbara i gat sik olsem guria na Betty i nogat marasin long helpim em. Barbara i wanpela nes i helpim long bebi klinik. Man bilong Barbara, Seth Dimeng, em i wanpela tisa i stap long Lae. Em i askim gavman em i ken senis na go long Wewak na stap klostu long Barbara.

Hostel long Telefomin
Jean Beaver i gat gutpela tingting. Wasman i askim hetman long makim tupela pikinini long viles bilong em, inap long ol ken go long Telefomin na ol i stap long haus long misin na go long gavman skul. 18-pela i kamap long dispela wok. Jean i lukautim ol na givim ol gutpela klos, na skulim ol long waswas na givim kaikai long ol olgeta de. Boli na Wetrasep i kamap mama na papa long ol. Longtaim dispela i pinisim Yia 6 i go long hi-skul long Wewak na nupela lain i kam insait long hostel gen. Bihain

Nius pepa long "Telefomin Times"

Ol i redi long baptism long Tifalmin

Ol i kisim baptais long Hotmin

MAF i sindaun long Duranmin

sampela i go long Universiti long Port Moresby. Nau ol i save pinis long kisim wok olsem tisa, gavman na bisnes.

Skul bilong Sande long ples

Jean na Meryl skulim ol meri bilong wasman long kirapim skul long Sande long ples bilong ol. Dispela tok i gutpela tru. 16 skul bilong Sande i stat.

Ples balus bilong Fiyak i nogut

Long taim ol i rausim bus long Fiyak ol i luk save i no longpela inap long balus i ken pundaun. Ol i gat bel hevi long Fiyak, bilong wanem, ol i bin wok long tupela yia.

Misinari kisim gutpela tingting na ol i wanbel

Long Baibel stadi bilong misin, ol i bung na mekim song na ritim Baibel. Long helpim mipela i gat sampela arapela buk i gat tok long kirapim tingting bilong mipela. Wanpela taim mipela ritim buk Pol i rait long manmeri i stap long Rom. Narapela taim i wanpela buk long Holi Spirit. Dispela stadi i givim blesing tru long mipela. Wanpela wasman tisa long Australia i raitim dispela buk.

Dispela man i lapun tru na kam lukim Telefomin long namba wan baptism long Mianmin. Raun wara em i daun long ples balus, na ol i wokim sia na karim dispela man i go daun klostu long wara. Em i tokaut long ol i baptais na long namba wan Komunion.

Planti manmeri long Feramin i kamap kristen

71 manmeri i sanap namel long tokaut long Lindsay, long wanem ol i laik tanim bel na kamap kristen. Sem de Brian i autim Gutnuis long Asitabip na 15 moa i givim laip bilong ol long Jisas. Long Setemba 1973 wasman bilong Kubrenmin i autim Gutnius na 24 meri na 8-pela man i bihainim Jisas. Kubrenmin i ples klostu long Telefolip, ples bilong spirit nogut long haus tambaram.

Nius pepa long "Telefomin Times"

Ol i kisim baptais long Drolengdam

Insait long Sios bilong Drolengdam

Mars 1974 Stat long wokim nupela ples balus

Tumolbil i stat na Duranmin i stat tu. Tasol i gat bikpela diwai na i hatwok long katim na rausim. Ol i stat long Hotmin. Dispela ples daun long Telefomin. Ol i wokim 330 meta. Em i ples hot. Bimin i ples klostu long Tekin, i gat maunten na wari olsem Tekin. Bihain olgeta i kamap pinis.

Gavman givim Sunei wanpela Medal presen long OBE

Sunei em i tanim tok long gavman long longpela taim. Em i strongpela kristen na em i oltaim gutpela tru long wok bilong em. Gavmen laik tok tenkyu long Sunei na givim em medal ol i kolim Orda bilong British Empire. Bipo tru Sunei wokabout wantaim Black na Taylor. Sista Betty em kisim wanpela gut medal tu na Kwin Elisabeth 2 i givim long han long Betty.

Planti moa baptism

135 manmeri long Wabia, Mianmin, Misinmin, Eliptamin, Urapmin na Tifalmin kisim baptais.

Brian na Jean Beaver na Betty Crouch i go pinis

Tupela misinari Brian na Jean i wok 13 yia long Baptis Misin. Ol i go bek long Sydney, na wet long God i tok save long tupela long arapela wok. Ol i sori tru long tupela i go.

Bihain long em, Sista Betty Crouch i go tu. Long Novemba 20 olgeta manmeri bilong Telefomin aria wantaim wasman, evangelis na lain bilong Baptis misin, i bung long kirapim bikpela singsing na mumu long tok tenkyu long Betty long 26-yia i bin wok long misin. Kaikai i kuk pinis long mumu i gutpela tru long wanem wara bilong banana na popo i go wantaim mit. Planti kaikai inap long ol. Pasta Diyos i givim gutpela presen bilong em i go long Sista Betty na planti i givim presen wanwan. Mani tu ol i givim. Tasol namba wan samting i kamap taim Sista Betty tok long ol. Em i tok tenkyu long ol. Sista Betty i tok long ol i mas holim pas bilip long ol na givim tok long ol i no lusim Jisas.

Betty i go long ples tru bilong em, long Adelaide – long graun bilong maunten. Hia em i mekim Telefomin Touris Ples na planti manmeri i go luksave na kisim kapti na Betty i givim tok long namba wan ples long PNG – Telefomin. Ol i wokim bokis musik na ol i harim singsing na sampela song bilong rivaivel. Em i soim planti piksa na givim gutpela stori long ol. Sista Pam Topp i kam long Telefomin na kisim ples bilong Betty. Bihain, long taim Sista Betty i dai pinis ol i kisim sit bilong paia bilong em i go bek long Telefomin.

Wokpati i helpim ol long pinisim planti nupela ples balus
40-man na wanpela meri i lus long Australia klostu long Krismas na wokabout long bus long helpim ol long pinisim ol ples balus. Pastaim Lindsay i skulim ol long pasin bilong autstesin na hausat ol i ken wokim redio na sampela tingting long marasin (sapos wanpela i kisim sik o sapos wanpela i pundaun na brukim bun o sapos sampela samting nogut i kamap). Long Krismas ol i kisim Krismas kaikai insait long sampela bokis tin i bin tromwe long balus na bokis i pundaun long graun. Insait long bokis tin mi putim kakaruk i bin kuk pinis, wantaim swit kaikai olsem loli na sampela pauda i strongim susu. Dispela lain long Australia i amamas moa long dispela kaikai i pundaun. Taim balus i go raun pinis long dispela wok em go bek long Telefomin.

1975 CLTC i salim buk stadi i go long ol i ken wokim long ples
Dispela buk i askim wasman long raitim ansa. Planti ansa i stap long Buk Baibel na ol i painim ansa na raitim long wokbuk. Bihain dispela ansa i go long misinari long em i ken stretim.

Sios Kaunsil i salim sampela man i go longwe long autim Gutnius
- SEP i go long Bimin
- DIYOS i stap yet long Duranmin
- ANTILAP i go long Tumolbil
- YEMIS i go long Ok Tedi
- AMUSEP i go long Yapsei

Wokabaut long rot wantaim God long Telefomin

Sista Betty i kirapim klinik

41 man na meri i helpim mipela pinisim ples balus

Ol i kisim Krismas kaikai long Duranmin

Dispela evangelis nau i wok wantaim misinari long autim Gutnius long nupela hap.

Sampela Kampani i luksave long Telefomin inap long painim kapa

Ples em i luk i long Tabubil, Tifalmin, Freida na Nong River. Sepik Baptis Union i was long dispela bisnis long givim strongpela tok long olgeta i laik go wok long Kampani. Kampani i gat trakta na truk na buldosa na arapela bikpela masin. Husat i kisim save long draivim dispela masin i kisim bikpela pe. Misin i givim save long ol long samting nogut i kamap wantaim dispela wok, olsem pilai laki, dring bia, na pasin bilong pamok. Tasol ol i no harim tok bilong wasman, na planti i go. Wok bilong God i pundaun liklik, tasol God i givim blesin long ol meri i stap long ples na ol yet i autim Gutnius.

1976 Ol i go longwe ples moa

Telefomin na Tekin bung long wok na kirapin Sepik Baptis Union na lukautim olgeta wok bilong evangelis. Wanpela patrol ol i go long longwe bak sait long Tekin. Ian Flatters go wantaim dispela lain na kamap long Mesungenam. Dispela ples i nogat graun inap long wokim ples balus.

Baptist Union Bilong PNG (BUPNG) i stat

BUPNG i stat long Mount Hagen long Septemba 6, 1976. Dispela i bungim Sepik Baptis Union, Western Highlands Baptist Union, Mount Hagen, Lae, na Tokarara Sios. Ol i wan bel na nau ol i laik bung wantaim olgeta Baptis insait long Baptist World Alliance. BUPNG nau tingting long givim ordination long sampela wasman i skul pinis long Kolis na ol i pilim God i makim ol long wok bilong wasman. Komiti i makim dispela olsem – Diyos, bilong Telefomin i kamap Presiden, Kevin Kasembua, bilong Lae i kamap namba tu man, Thomas Keyene, em i lukautim WHBU na em i sekretari, na Barry Huntington i kamap man bilong lukautim mani.

Tupela Famili i go kisim trening long Australia

Long Fride Augus 13, tupela famili i kamap long Australia. James na Kwemen Nifinim na tupela pikinini man bilong tupela go long Sydney, NSW. Silas na Kom Neksep na tupela pikinini meri bilong tupela go long Warrnambool, Victoria. James i stadi long Teknikal Kolis long Englis na Seaton Arndell (PNG misinari) i lukautim em. Sampela tisa bilong Baptis Sios i skulim Silas long Englis long de na sios memba lukautim em. TDA i makim $3,000 long helpim tupela famili.

1977 Nupela autstesin haus/klinik

Long planti hap i nogat haus klinik. Ples balus i bin stap longtaim, haus bilong en i klostu pundaun. Nupela ples balus ol i bin wokim i nogat haus. Orait, mipela raitim ripot long Baptis Meri Union long Viktoria, Australia na askim ol long helpim mipela long wokim haus na kamda i wokim hap haus inap long slip na hap long klinik long olgeta ples balus. Ol i hatwok long kisim $1,500 wanwan long dispela. Ol i amamas moa. Nau mipela stat long katim diwai long somil na wokim dua, windo, banis na rup inap long putim insait long balus Cessna 206. (balus i gat wanpela ensin na wial i stap long nos). 8-pela haus ol i wokim long Telefomin redi long karim i go. Ol i pasim kwik na sanapim haus. Nau misinari na sista i ken kam i stap long ples long wokim klinik, long wan o tu wik long kirapim skul long tisim ol.

Wanpela kamda (Chris Kusay) kam long New Zealand i tok olsem – Namba wan wok bilong mi em bilong sanapim haus klinik long Tumolbil. Tumolbil i stap klostu long boda bilong Irian Jaya. Dispela ples balus MAF i mas kisim okai long Irian Jaya pastaim inap long ol ken flai long hap antap long graun bilong ol bipo balus i ken pundaun pinis long Tumolbil ples balus.

"Dispela ples i nais moa na Keith Bennett, Geoff Litzow, Ray Bludhorn, Lindsay na mi yet i ken go long balus. Ray wantaim mi, stat makim ples na sampela man long Tumolbil i brukim graun long wokim hul bilong pos. Long namba wan de olgeta pos i sanap na stap strong insait long

Nius pepa long "Telefomin Times"

Balus i tromwe pas long Australia long ol wokman

Kampani i kirapim mine long Ok Tedi bilong painim kapa. Photo: wikipedia.

graun. Olgeta diwai, kapa long rup, windo, dua i redi i stap. Tupela i go bek long Telefomin na mi 3 pela i pinisim haus. Em sotpela taim long ol wokim haus, long wanem – i bin rediim haus pastaim long Telefomin."

Skul bilong tok Pisin long nupela misinari i kam
Geoff Litzow (wanpela nupela misinari) raitim olsem – Mipela bin mak long wok bilong Kwinkia Baibel Kolis long Western Highlands na mipela mas kisim save long tok Pisin kwiktaim. Mipela go long MAF balus long Telefomin na stap 7 pela wik. Meri bilong mi, Jen, na liklik pikinini man bilong mi, Jason, olgeta stap long wanpela haus. Mipela harim na ritim tok Pisin. Mipela mas kisim save long planti tok – wanem nem bilong samting, na wanem ples bilong ol na tok inap long skulim ol – na ol i tok Pisin tasol. Lindsay na Meryl skulim mipela na long taim skul i pinis, mipela redi long go bek long Kwinkia wantaim gutpela tok.

Long askim MAF long putim balus i stap long Telefomin
Mike Foxtrot Golf (MFG) em i Cessna 206 i go nabaut antap na kam daun pinis long ples balus bilong Telefomin. Em i go klostu long haus kago ol i bin wokim, na hap ples long skelim na baiim rot long balus na balus i STAP LONG TELEFOMIIN na pinis long wok long de. Dispela taim em i no go bek long Wewak. Paul na Muff Hutchinson na famili i kam pinis. Ol i bin beten na tingting long dispela samting long longtaim. Stori bilong dispela i olsem –

> 1958 Doug Vaughan na Gil McArthur stat toktok long putim balus long Telefomin long wanem, Doug Vaughan i gat lisen long flai pinis. Eliptamin ples balus i op pinis.
> 1961 Feramin ples balus i op pinis na Tifalmin ples balus i kamap.
> 1964 Mianmin ples balus op pinis.
> 1967 MAF kepten, John Haverson wantaim tupela wasman ol i pundaun long Hindenberg Wall long rot i go long Olsobip. Ol i dai pinis.
> 1972 Namba wan helikopta pepa i go long ABMS Board.

Nius pepa long "Telefomin Times"

Ol i wokim ples balus long Tumolbil

Ol i kirapim Sepik Baptis Union

Sister Betty i go pinis. Wenben i tok.

1973 Namba tu pepa i go.
1974 MAF tok i tumas long putim pe long helikopta. Ol i ting long arapela ples ol i ken wokim ples balus long ol.
1975 Tumolbil ples balus i op pinis.
1976 Duranmin ples balus i op pinis.
1977 Hotmin ples balus i op pinis, na MAF i kam pinis long Telefomin wantaim balus.

Kepten Paul i tok – long nau em inap wok i stap long wanpela balus na kisim ol long wok long Telefomin. Benzin i nogat wari long kisim. Wok long mani (komersel) inap long helpim pe. Program inap long kepten ken makim long wanem taim long flaiim. Wari tasol i stap olsem bipo – klaut na ren. Dispela em i wankain tasol long olgeta balus long olgeta ples.

Muff, meri bilong kepten, i tok – Mi gat planti strong long maunten na dispela winim hat tru long Wewak. Telefomin i gutpela ples long wok.

Doug Vaughan na Don Doull i kirapim 3-pela haus olsem dispela haus

Sapta 8

Rivaivel i kam

Ol dispela tok long bipo, long misinari, long haus, long somil na long pikinini i sindaun long misin na go long Primary School long Telefomin, na long Baibel Skul, i gut pela.

Tasol, wanpela de long 1974, World Vision i kirapim bikpela kibung long olgeta wasman long olgeta hap i kam long Goroka na sindaun na harim sampela toktok long askim God long salim Holi Spirit i kam na givim blesin long olgeta Sios. Diyos, wantaim Lindsay na Brian i sindaun long Goroka long dispela taim. God i tokim Diyos olsem – Yupela go bek long Telefomin, na askim ol hetman i ken painim tupela man long olgeta viles i ken kam long Telefomin, na yupela, wantaim misinari i ken stat long skulim ol long rot bilong kamap strongpela kristen.

I gat ples bilong ol i ken slip, tasol, long givim kaikai long olgeta de em i hat work. Mipela baiim planti kaukau na taro long olgeta de, tasol em i no inap long ol. Stua i helpim mipela long tin pis na rais long wanpela yia. lnsait long dispela yia ol man i kamap kristen.

Diyos em i tok, sapos mipela go long Duranmin long yia 2 na long yia 3, dispela lain i ken autim tok long Papa God na winim ol i ken kamap kristen. Na namba tu samting, mipela ken wokim ples balus long Duranmin, na bihain misinari i ken kam na Sista Betty na mipela olgeta i ken helpim dispela lain. Narapela samting – God i tok olsem – long taim yu stat long dispela wok, long olgeta de, yu mas kirap long san i kamap, na mekim beten long wan aua. Diyos i bihainim dispela pasin inap long 3-pela yia i go pinis. lnsait long dispela taim em i pinisim ples balus, na nau i op pinis. Taim 1976 i pinis na Diyos wantaim man bilong dispela Kolis i kisim win long ples.

Wokabaut long rot wantaim God long Telefomin

Diyos i statim Baibel Skul long Duranmin

Ol i kirapim Baibel Skul long Duranmin

Wasman i skul long Duranmin

Diyos i stap long Eliptamin. Long wanpela nait, Diyos i sindaun long haus na windo i op. Em i lukim wanpela tri i paia tru na mekim bikpela lait i stap, tasol em i no paia pinis. Na em i harim wanpela tok insait long paia i tok olsem – Diyos yu bin harim olgeta tok long mipela inap long 3-pela yia, orait nau mi salim blesin long ol lain bilong yu.

Tripela mun i go pinis, na long namba 10 de long Mas, 1977, Diyos i singautim misinari long tok-radio – RIVAIVEL I KAM, RIVAIVEL I KAM, yu mas kam.

Nupela misinari i kam long Telefomin. Nem bilong tupela i Keith na Joan Bennett, i bin stap tupela wik tasol. Keith na Lindsay i kisim MAF balus na go long Duranmin. Rivaivel em wanem? Mipela bin ridim sampela stori long arapela ples i kisim rivaivel – England, Wales, Selebes, na America,. Tasol mipela long Australia i no lukim rivaivel olsem. Mipela harim planti tok long Diyos, na mipela lukluk raun, na mipela wokim 4-pela tingting long dispela.

1. Planti man na meri i kisim bikpela bel hevi long olgeta sin i stap long laip bilong em. Planti man na meri i pundaun long graun, sampela i olsem slip, na arapela i pundaun, na kwiktaim i gat guria na mekim bikpela nois long singaut. Sampela sindaun antap long em na holim pas.
2. Bihain, long wan aua no samting, i kirap na sindaun na tokim ol long olgeta sin i stap long laip bilong em.
3. Bihain gen, sampela i pundaun gen long graun, na em i olsem slip. Na bihain, ol i kirap, na i gat amamas. Ol i tok isi na em i no laik pait olsem bipo.
4. Longtaim mipela wokabaut na luk save long wok bilong Holi Spirit, manmeri i soim planti kain pasin –
Sampela i sindaun na singim sampela song.
Sampela i opim Baibel na i rit, i rit, i rit.
Sampela i bringim planti samting long tambuna, na long haus tambaram na ol i kukim antap long paia.

Wokabaut long rot wantaim God long Telefomin

Baptism long Drolengdam. Ensel i sanap klostu long wara.

Spia na arapela samting bilong Telefomin

Wanpela i wokim piksa long Telefomin haus insait long Museum

Planti man i autim sin i stap insait long bel bilong ol.
Planti taim mi bin tok long Baibel Skul long paua bilong ol samting bilong tambuna.
Sampela kros i bin stap namel long planti manmeri.
Wanpela stilim wanpela pik long narapela man na kilim, na kaikaim em.
Sampela meri i tok –mi bin kamap meri bilong pamok na em i tok sori long dispela.
Sampela man i tok olsem – planti taim mi tok nogut long meri bilong mi.
Sampela taim mi stilim kaikai long gaten bilong narapela man.
Wanpela man i tok olsem – mi bin wokim sanguma long mama bilong meri bilong mi na em i dai.
Sampela i tok – mi bin tok nogut long pikinini bilong mi na mi gat sem.
Na planti arapela kain tok i kamap olsem.

Diyos i tokim ol man long Skul – nogut mipela haitim dispela samting hia tasol. I gutpela sapos yu lusim dispela ples na go long ples bilong yupela olgeta na autim tok long ol dispela samting i kamap long Duranmin. Ol i go bek long as ples inap long wanpela mun, na olgeta viles i kisim rivaivel olsem long Duranmin. Diyos i go long Telefomin na i tokaut long 3-pela Sios long Telefomin na rivaivel i stat long Telefomin tu.

Ol i raitim planti nupela song na bihain, misin i wokim buk bilong song, na planti Sios i kisim ol dispela nupela songbuk.

Setan i no laikim dispela samting, na sampela taim em i givim tok long sampela inap long bagarapim wok bilong Papa God. Wanpela meri long Drolengdam, em i toktok long wanpela de, na ol wasman i askim em long dispela samting. Ol i no amamas long sampela tok bilong dispela meri na ol i askim em long pasim maus.

Planti man na meri i lukim long driman.

Wanpela man long Fiyak i tok olsem – Long dispela driman, mi lukim wanpela misinari i givim planti pikinini kaikai long ol. Olgeta man i kisim dispela pikinini kaikai, na planim long gaden, na i kamap bikpela moa yet. Na em i tok – Dispela pikinini kaikai i tok bilong ol wasman i autim tok na planti manmeri i bihainim Jisas, na planti arapela i amamas long kamap kristen.

Long wanpela nait, ensel i tokim Sista Josie Bungsep, long wanpela driman. Em i tok – yu mas kisim sampela na wokabaut i go long Akiapmin. Dispela em i 3-pela de wokabaut, tasol bai mi helpim yu. Josie i autim tok long ol tasol ol man i pret long go long Akiapmin. Ol i no save long dispela ples. Orait, Josie i painim meri tasol, na 6-pela i tok – mipela bai go wantaim yu. Mipela no pret.

Tasol ol i lukim bikpela maunten ol bai i brukim, na 7-pela i tingting – mi no ken karim planti kaikai, bilong mipela. Mipela bai painim viles bilong sampela na mipela ken askim ol long kaikai.

Orait, ol i brukim maunten na kamap long viles. Tasol i nogat manmeri i stap. Ol i lukim liklik muruk na ol i kilim em na kukim em. Tasol, dispela i no inap long 7-pela meri. Taim ol i kamap long viles, Josie i lukim wanpela liklik wara, na em i kisim ol lain na hukim na em i kisim 17-pela liklik pis. Ol i kukim ol pis na kaikai. Tasol God i tokim Josie – putim hap kaikai long yu insait long baket na maski tokim ol long dispela. Long namba 2 de, Josie i lukim dispela pis long baket na em lukim planti i stap, na olgeta i kaikai planti na ol i pulap tru.

Taim ol i go antap long maunten, Josie i tok – leg bilong mipela i no slek pinis, em i olsem sampela ensel i putim han long bek bilong mipela na mi winim maunten isi. Long namba tu nait, ol i kamap long narapela viles na i nogat manmeri i stap.

Olgeta meri i mekim beten, na wanpela bikpela nois i kamap. Ol i go ausait na lukim wanpela wel pik i kros nogut tru. Bilong wanem, wanpela dok i bin bagarapim nus bilong em na i no laik long dispela. Pik i stat long kam klostu long ol meri na ol i kirap nogut. Josie em i singaut

Rivaivel i kam

long Papa God – tanim pik i go long hap sait na mi tromwe wanpela ston long em. Pik i go long hap sait, na Josie i tromwe ston antap long het bilong pik na pik i dai pinis. Ol i kukim em na ol i kaikai.

Wanpela hetman i stap long Akiapmin. God i givim driman long em – bihain san i kamap, orait 7-pela meri i lus long bus na ol bai wokabaut i kam long viles bilong yu. Yu no ken kilim ol. Dispela lain i no birua. Ol i bringim gutpela toktok long yu. San i kamap, na hetman i lukim lain i aut long bus, na dispela i olsem driman, Josie i go pas na arapela bihainim em.

Ol Akiapmin i givim kaikai long ol na ol i harim Gutnius long em. Planti man na meri i kamap kristen. Ol i bungim ol samting bilong tambuna, na ol i paia pinis. Ol i amamas, na bihain Diyos i go daun long dispela ples na tok moa. Orait 7-pela meri i lus long Akiapmin, na ol i wokabaut long bus na bihain long 3-pela de, ol i kamap long Duranmin gen.

Narapela taim, long wanpela Sande, mipela misinari i lusim haus bilong mipela na stat long wokabaut i go long Drolengdam Sios. Kwiktaim mi harim bikpela nois long Sios. Ol i singaut planti. Bilong wanim? Ol i lukim ensel i sindaun antap long rup bilong Sios. Na bihain sampela ensel ol i flai insait long windo na em i go ausait long arapela hap windo, na i go. Olgeta man na meri i lukim em. Sios i pulap pinis, na olgeta liptimapim Nem bilong Jisas.

Narapela Sande, ol i rediim Sios long baptais. Sampela man i pasim wara klostu long Sios na wara i kamap raunwara inap long manmeri i ken kisim baptais. Olgeta manmeri i waswas pinis na ol i kam na sindaun long graun redi long dispela lotu. Planti manmeri i kam long lukim. Na ol wokboi long Sios i makim wanpela rot i klia inap long lain bilong baptais i ken wokabaut long dispela na kamap long raunwara. Long dispela de 70 manmeri i laik kisim baptais. Ol i singim sampela song, na wasman i mekim beten, na taim i kamap long kisim baptais.

Dispela 70 manmeri ol i lain ap, tu, na tu, na tu, na stat long wokabaut i go long raunwara. Wantu, ol i mekim biknois tru . Bilong wanem? Ol i lukim tupela ensel i sanap klostu long raunwara, wanpela long wan sait, na arapela long hap sait, na tupela i holim han antap tru, na ol lain i wokabaut aninit long han bilong tupela, na go long raunwara.

Misinari i askim man nabaut – yu lukim wanem? Na ol i tok i askim misinari – yu lukim ensel no nogat? Tasol, ol misinari i no lukim ensel? Misinari i askim Papa God – bilong wanem mi no lukim ensel? Papa God i tokim misinari olsem – Yu no inap lukim ensel tasol yu yet bilip. Ol dispela man i ken amamas. (Jon 20/29 – Na Jisas i tokim em olsem, 'Yu lukim mi pinis na yu bilip, a? Ol man i no lukim mi na ol i bilip, ol dispela man i ken amamas.') Dispela lain i stap long tude, em yet i pret long spirit nogut, na mi mas strongim bilip bilong ol long dispela.

Sapta 9

Sios kaunsel i toktok long dispela rivaivel

Sampela taim bihain Sios Kaunsel i sindaun, na mipela painim 1,640 manmeri i kamap kristen long yia 1977. Long yia 1978, 1,775 manmeri i kamap kristen. Mipela makim 15-pela nupela wasman i go na autim tok bilong Papa God. Olgeta manmeri long viles i kamap kristen. Ol i kisim planti samting bilong tambuna na kukim ol long paia. Haus Tambaran i pia pinis long 1991. Wok bilong ol meri i senis. Sampela i kamap wasman. Ol man i makim gutpela ples long ol meri. Rivaivel i mekim Sios i kamap strongpela. Ol i tok sori long planti taim ol i pait, na mekim ol samting nogut i kamap stret gen. I gat stori long sampela manmeri i dai pinis, tasol ol i kam bek gen na stap laip.

    Wanpela de, Akis i go long Eliptamin. Taim em i kamap, ol i singautim em – Mama bilong yu i dai pinis. Dispela tok i givim bel hevi long Akis, bilong wanem, mama i no bin kamap kristen. Akis i kisim bodi bilong mama na putim em long haus bilong em. Akis em i harim stori long arapela viles long man o meri i kirap bek gen.

    Pastaim, em i painim sampela manmeri i bin save long rivaivel na dispela lain i bung na sindaun insait long haus bilong Akis wantaim bodi bilong Mama. Olgeta i mekim beten inap long 12-klok long nait. Akis i pilim Mama, na i no pulim win, i no gat laip, na nogat pamp long blut. Orait ol i mekim beten inap long 5-klok long moning. Wanpela i putim han long bodi bilong Mama na i hot liklik. Long 6-klok, Mama i stat long pulim win. Mama opim ai, na em i tok long ol – bilong wanem mi stap long dispela haus? Ol i tok – yu bin dai pinis, Akis i bringim yu long dispela haus.

Wokabaut long rot wantaim God long Telefomin

Meryl i toktok long ol meri bilong Wasman

Sios Kaunsil i toktok

Ol i askim moa – yu gat sampela tingting long samting long taim yu dai pinis? Mama i tok – Yes. Mi wokabaut long wanpela rot long bus, na mi kamap long tupela rot i bung na mi no save wanem rot mi mas bihainim. Mi harim wanpela man i katim diwai long bus na mi singautim em, tasol i no tokim mi. Na mi pret na mi krai nogut.

Akis i tokim Mama olsem – dispela i olsem laip bilong mipela. Mipela lukim tupela rot. Wanpela rot i go long Papa God, na wanpela rot i go long setan. Yu mas tingting stret. Mama i tok – mi laik wokabaut long rot i go long Papa God. Mama i stap gut long 3-pela mun moa na em i dai pinis namba tu taim. Nau ol i planim em long graun. Mama i stap long ples long Papa God.

Na Pita, em i wasman long Misinmin, i bin go long Tumolbil long autim tok long Papa God. Papa God i tokim em long wanpela de – Mama bilong yu nau i stap long Misinmin i klostu i laik dai. Pita i gat bel hevi, na em i tingting long wokabaut i go long Misinmin long lukim em na beten long em. Tasol em i save em bai wokabaut long 6-pela de.

Em i stat long wokabaut wantaim sampela wantok. Long wanpela apinun, em i kamap long wanpela wara na em i ran kwiktaim. Bilong wanem, bikpela ren i pundaun na wara i strong pinis. Wanpela man i no inap wokabaut long em. Pita i beten olsem – Papa God, yu lukautim Jisas taim i wokabaut antap long wara. Na lain bilong Pita i stat long wokabaut, na olgeta i wokabaut antap long wara na i kamap long hap sait. Bihain ol i kamap long Misinmin, na Pita i lukim lapun Mama bilong em bipo em i dai pinis.

Ripot long Sios Kaunsil i toktok wantaim misinari na kamap ol tok olsem –
- setan i salim spirit nogut long bagarapim ting ting bilong ol.
- sampela man i bel hat taim arapela i autim sin bilong em. Em i no laik tok orait long dispela.
- taim pik i dai pinis, na gaden i nogut tru, ol i tok em asua bilong kristen.

- ol i bel hat taim meri i autim tok long God. God i tok long man tasol.
- tok bilong rivaivel em tok bilong wasman tasol. Ol i tok em giaman tok tasol.
- bilong wanem yupela misinari i no tokim mipela long rivaivel taim yu kamap long Telefomin long 1951? Misinari i tok olsem, dispela samting i no kamap long Australia, i kamap long yupela pastaim.

Long 1991, dispela haus i paia pinis.

Sios kaunsel i toktok long dispela rivaivel

Femsep i kamap kristen na bihain i kisim baptais na tokaut strong long ol.

Ol i bringim ol samting long sanguma na tambuna. Ol i paia pinis dispela samting

Sapta 10

Stori bilong Femsep

Tasol, nambawan stori long rivaivel, em stori bilong Femsep. Femsep i lapun man long Telefomin, na i kisim save long olgeta samting long tumbuna na long haus tambaran i stap long Telefolip. Em i save long olgeta rot long kilim manmeri. Ol i pret long Femsep. Tasol God i no pret long Femsep.

Femsep i kisim sampela mani nabaut nabaut na em i go long TDA Stua na baiim tin pis o bisket, samting. Taim i lusim stua em i wokabaut i go long haus bilong Fred na Joy, na Fred i givim Femsep wanpela kapti. Femsep i bihainim dispela pasin planti taim. Fred na Joy em i tokim Femsep planti taim long Gutnuis bilong Jisas na em i bin harim olsem longtaim bilong Don Doull i kamap inap long nau. Dispela de Femsep i tokim Fred – mi lapun tru na mi klostu long dai nau. Dispela tok bilong yutupela i stretpela tok. Planti taim mi tok nogut long misin. Nau mi laik senis. Mi laik kamap kristen. Mi lukim dispela rivaivel i kamap na dispela i samting bilong Papa God.

Fred singautim Lindsay long tok bokis na askim em long kam kwiktaim long haus bilong em. Orait long dispela apinun, Fred, Joy, Silas Neksep, Keith Bennett, na mipela brukim skru na askim Papa God long kisim Femsep long kamap kristen. Femsep i tok – mi sori tru long olgeta rong bilong mi, nau mi bilip long Jisas bilong blud bilong Em wasim mi klin. Olaman! Mipela olgeta krai bikpela tru.

Bihain mi askim Femsep – olsem wanem long dispela ol samting yu save pinis long tambuna na haus tambaram? Femsep i tok – mi mas tokim ol long dispela pasin bilong bipo em i pasin long setan. I no gutpela pasin. Em i no tru, tok bilong Jisas em i tru. Yu mas bihainim Jisas olsem mi.

Stori bilong Femsep

Sampela taim long 1980 Femsep i dai pinis na i amamas. Em i go long Papa God.

* * * * * * *

Planti yia i go pinis, na wanpela de Meryl na Lindsay i tingting long go long Warrnambool, as ples bilong Fred na Joy. Mipela tok gude long ol. Mi harim tok kam long pikinini meri bilong Fred na Joy – Fred i klostu dai.

Mipela go long ples bilong em na Fred i stap long bet, na i no inap wokabaut. Mipela toktok long planti samting mi bin wokim wantaim em long Telefomin. Fred i gat gutpela tingting long planti samting long Telefomin. Mipela toktok long tupela aua na mipela beten wantaim. Mipela lusim Warrnambool, na go long Adelaide, narapela ples i gat sampela pren bipo long Baiyer River. I no longtaim na pikinini bilong Fred na Joy i toktok long mipela long Fred i dai pinis na i go long heven na stap wantaim Jisas. Mipela sori tru, tasol mi amamas. Fred i bin stap 96 yia.

Femsep i kisim baptais

Sapta 11

Mirakol i kamap long laip
(Meryl i rait)

Planti taim long laip long mi, mi save God i wok mirakol. Sapos mi no painim dispela wok, mi askim Papa God long opim ai bilong mi inap long mi ken lukim ol gutpela samting i stap nabaut. Ating longtaim mipela lukim pes long Jisas baimbai, mipela kisim save God yet i hait insait long planti moa, mi no bin lukim. Sampela mirakol mi laik stori long em. *(2 Korin 3:18 Na yumi olgeta, yumi no gat samting i haitim pes bilong yumi. Olsem na bikpela lait bilong Bikpela i kam long yumi, na yumi kamap olsem glass bilong lukluk i save sutim dispela lait i go long ol arapela manmeri.)*

God i no slek long lukautim mipela
Mani i no planti, tasol mi no toktok long dispela samting. Tasol insait long Buk Baibel i tok – *"Yupela i mas givim samting long ol arapela na bai God i givim ol samting long yupela. Em bai i skelim moa long yupela na em bai i pulapim tru, na sakim i go daun, na pulapim moa yet, inap long ol samting i kapsait na givim long yu."* (Luk 6:38)

Bipo, long Australia, Lindsay i helpim wanpela misin bilong skulim pikinini long ol tok bilong Jisas. Taim bilong Krismas, long wesan klostu long solwara, ol i wokim. Nau long PNG mipela bungim liklik mani long salim i go helpim dispela wok. Mipela salim mani long sekbuk olsem K30. Pas i go long balus na mipela kisim beg-mel balus i bin bringim long mipela, i kambek long haus. Insait long beg-mel i gat pas i kam long Australia na God i bin askim pren na em salim mipela mani i winim dispela mi bin salim. God i no sot long givim mani. Tenkyu Papa.

Mirakol long Balus

Narapela taim Lindsay na 7-pela wasman i kam bek long kibung long Mount Hagen. Balus i bikpela inap long 2-pela ensin. Wanpela long lain i sindaun long beksait long balus na balus i go antap. Wanpela man i lukim wel i go daun long lek bilong wiel. Ol i no tokaut long dispela tasol ol i bung long beten. Kepten i lusim sampela man long Kumbarata, tasol ol i no tok save long kepten na balus i flai gen long go long Telefomin.

Nau dispela ensin i bagarap na dai pinis. Islander balus i no inap long flai gut long maunten longtaim i gat wanpela ensin tasol. Em i mas go daun liklik na balus i go daun klostu long Wara Sepik na flai i go long Wirui long Wewak. Mi (Meryl) i bin harim ol tok long redio na mi tenkyu tru long Papa God long han bilong Em i holim dispela balus. Dispela mi pilim em i wanpela mirakol. *(Ais 40:31 – "Tasol ol manmeri i bilip long Bikpela na i wetim em i helpim ol, ol bai i stap strong oltaim. Na bai ol i flai olsem ol tarangau. Bai ol i ran ol i no inap sotwin na bai ol i wokabaut na ol i no inap les.")*

Painim Daimon

Wanpela yia long wik-de lotu bilong ol meri, ol i bin askim mi long autim tok. Taim mi redi long stat mi lukluk long pinga bilong mi na mi lukim bikpela ston (tasol i liklik) daimon long ring i no stap. Bel bilong mi kirap nogut na mi tokim ol meri hausat dispela em i presen long mi longtaim Lindsay i askim mi long marit wantaim em. Mama na Papa bilong mi i bin tok orait long dispela.

I no liklik mak tasol em i namba wan we long makim meri na pasin bilong mipela waitmeri olsem mi nau mak pinis. Dispela em i nambawan bilas bilong mi na em i lus pinis. Ol meri luk save mi sori tru na ol i bung na ol i laik beten wantaim mi long painim ston na God givim mi bel isi inap long autim tok long ol. Mi tingting long rot, na bus, long haus lotu na haus bilong mi yet – planti ples mi bin go na mi no save long wanem hap mi bin lusim dispela ston long ring bilong mi. Ating mi no ken painim.

Lotu i pinis. Ol i swip na lukluk gut long plua bilong haus lotu – em i no stap. Wanpela meri tok – bai yu painim – tasol bilip long mi yet i no strong olsem. Mi go long kar na opim dua na arapela meri i luk long step na liklik rot.

Wanpela liklik ston em i olsem lait long sta i paiap long mi. Em i stap long kava long sia bilong kar klostu mi save sindaun long em. Mi singautim ol meri na ol i kam long lukim. Ol i bung raun long mi na mekim singsing na beten inap long bikpela nois na mipela olgeta liptimapim nem long Papa God. Dispela mirakol bilong God em i olsem *Luk 15:9 "Taim em i kisim mani pinis, orait em bai i singautim ol pren na wanples bilong en, na ol i kam bung. Na em bai i tokim ol – yupela amamas wantaim mi. Wanpela mani bilong mi em i lus tasol nau mi painim na kisim bek pinis."* Mi kisim dispela ston i go bek long Australia na wokman i stretim em gen na mi putim long pinga bilong mi gen.

Kansa Long Skin

Narapela taim Lindsay i gat wanpela liklik maunten blek long skin bilong beksait bilong en. Mi painim na beten (i taim long rivaivel) na dispela soa i go pinis. Bihain long 15 yia i go na mipela stap long ples Rowville. Mi painim liklik retpela mak i kamap long dispela sem ples long beksait bilong Lindsay. Em i Sarere na i go long dokta i stap klostu long haus bilong mipela. Em i katim mak long dispela na salim i go long dokta i ken lukim long mikroskop. Long nait long dispela sem de i singaut long Lindsay i mas go long bikpela haus sik na ol i kwiktaim lukim insait tu long dispela retmak. Dispela ol i save i 'melanoma' no kansa long skin na em inap long kilim Lindsay i dai sapos ol i no rausim em kwiktaim. 20-yia moa i go na sem dokta lukim em na em i tok – Yu laki dispela mi katim pinis kwiktaim. Mi save dispela i no samting laki. Dispela em i wok bilong God. God em yet i gat wok long man long tokaut long Gutnuis long ol. Mirakol olsem!

Mirakol i kamap long laip (Meryl i rait)

Balus I Pundaun
Pikinini wantaim Lindsay na mi stap long Duranmin klinik. Balus i kam long karim Natalie na Leighton i go bek long skul long Wewak. Ivan i gat liklik moa malalo long i go long Hi Skul. Brendan i liklik yet na stap wantaim mipela. Orait, balus i karim tupela long Anguganak pastaim long painim arapela pikinini i go bek long skul long Wewak.

Bihain mipela harim tok long redio olsem wanpela balus pundaun i no longwe long Anguganak. Bel bilong mipela tantanim na Lindsay singaut long wanem balus i bin pundaun. Mipela olgeta tanim bel long mekim beten strong moa yet. Ol lain long Anguganak i bekim tok olsem – pikinini bilong yu i stap hia long Anguganak long wanem ol laik balus bilong em i go long painim dispela balus i pundaun.

Olaman! Mipela bel hevi long lain i insait long balus i pundaun na kepten bilong en, tasol mipela amamas tru long pikinini bilong mipela i stap yet. Liklik taim bihain Leighton i tanim bel long God na bilip long Jisas i dai long em tu. Leighton i gutpela pren bilong wanpela boi bilong famili insait long balus. Ol i dai pinis. Leighton laik redi sapos em tu i dai long balus. Beten bilong mipela i go long wantok bilong lain insait long balus long God i givim bel isi long ol mipela beten tenkyu long marimari long God i kam long tupela pikinini bilong mipela. Laip long olgeta i stap long han bilong Papa God. Mi tok tenkyu, Bikpela.

Sapta 12

De bilong tokim sori

Long 2001, taim ol sios i bikpela bung long 50-yia long wok long misin, long wanpela lotu lain bilong Eliptamin i sanap na ol i tok – mi holim wanpela pas long autim sem na sin bilong dispela wok nogut mipela bin mekim long famili long Gerald Szarka na famili bilong Geoffrey Harris. Narapela pas wankain mi laik salim i go long famili bilong Constable Buritori na Constable Purari. Mipela tingting em i stap long ples solwara long PNG.

Tupela yia moa i go long painim lain bilong Australia. Ol i ting long mekim wanpela lotu i kirap long Dural Baptis Sios long NSW long 2003 long autim dispela tok sori.

As bilong dispela lotu long tok sori, i long givim pas na askim famili long lusim sin bilong ol na tok tenkyu long ol i ken wanbel gen. Em i laik harim bekim long tupela famili, ol i laik liptimapim nem long 4-pela i dai pinis na givim strong bilong arapela wantaim em na lukim hausat God i bin wok gut long dispela lain bilong ples.

Nau mi raitim tok i stap long pas i go long famili –

Ol i ken tingting long Gerald Szarka na Geoffrey Harris

De bilong tokim sori

Dispela pas ol i salim long famili bilong ol i dai pinis. Dispela man i nogat rong. Long dispela – Gerald Leo Szarka, Cadet Kiap na Geoffery Brodribb Harris First Field Officer long Department of District Services and Native Affairs of Australia – tupela man i dai pinis long han bilong ol long Eliptamin long Novemba 6, 1953 na tupela polisman i dai pinis long Komdubip na Kuprenmin long Eliptamin, long Telefomin District, Sandaun Provins, PNG. Long wanem ol i bekim husat i bin pamok long meri na kilim i dai pik bilong ol.

Tok bilong God i stap insait long Buk Baibel long as na prut bilong ol rong i sin, na Krais i mekim rot long tok sori na givim bel hevi. Mipela tingting long autim sin na larim sori na krai long blesin i ken kamap bihain.

Mipela long Eliptamin tok sori long dispela sin i bin brukim lo long God "Yupela i mas laikim tru ol man olsem yu laikim yu yet". Long kilim pinis dispela man, blut bilong em i bin kapsait long graun bilong mipela. Nau mipela olgeta tanim bel na askim yu long larim mipela. Mipela bilip yu ken bekim gut askim bilong mipela na lusim blesin i kambek long pipal na graun bilong mipela.

Ol i raitim nem

Pasta Albet Meni, Superintendant of Eliptamin Baptist Association.

Pasta Alex Diyos, President of Eliptamin Baptist Association

Mr. Miden Fegim, Eliptamin Primary School.

Sampela kopi long dispela Pepa i go long –

Administrator – BUPNG, President of Min Baptist Association, District Administrator, Telefomin LGC, GiA, Headquarters, Melbourne, Australia

Pas bilong singaut long kam long dispela bung long Dural i go raun long 250 pipal. Sampela i no inap bung long wanem ol i lapun pinis na arapela samting pulim em. Meryl Smith na Jean Beaver, misinari long Telefomin, i kam. Rev. Roger Bryson, wanpela lida bilong ABMS long PNG i kirapim lotu. Em i autim tok save long Geoffrey Harris na Gerald Szarka. Roger tu i tok long Telefomin aria sios long rot bilong em i kamap long dispela 50-yia.

Mr. Miden Fegim, Hetmasta bilong Eliptamin Primari Skul, i kam na sanap long ol pipal bilong Eliptamin, na em i tok aut. I givim presen long Harris Famili na Szarka Famili.

Mr. Graham Harris (brata bilong Geoffrey), Mrs Kathleen Harris (pikinini meri long smol papa bilong Gerald Szarka) i tok tenkyu.

Beten i go long Papa God long ol famili bilong 4-pela man, long Telefomin lain na long olgeta misinari na kiap.

Dr. John Foote i rit long Buk Baibel na Rev. Dr. Ian Hawley (General Direktor bilong GiA) givim las tok.

Long pinis, Rev Don Doull i beten na givim blesin long ol. Don em i namba wan misinari long Telefomin.

Miden i tokaut long Sori Lotu long Dural

Don Doull na Miden i stap long Dural

Sapta 13

God i gat wok yet long Australia

1980-1982
Taim 1979 i kamap, misin i tokim mi olsem – sapos yu tingting long pinis long Telefomin, orait mi laik askim yu long kam bek long Melbourne na bosim wanpela bikpela samting. Misin i bin wok long planti arapela kantri wantaim Papua New Guinea inap long 100 yia.

Mipela beten na tingting planti. Famili i wanbel long mipela i go bek long Australia. Ivan, namba wan pikinini bilong mipela, em i go long Yia 9 long 1980. Arapela pikinini i amamas long skul long Australia tu. Tasol ol i sori long lusim Wewak. Pikinini long Australia i nogat ples olsem Wewak, ol i no inap swim long solwara olgeta apinun na luk long nais pis i swim nabaut.

Mipela tok long misin na Telefomin Sios Kaunsil i givim save long mipela lusim ol. Ol laik tok gut bai long mipela na mipela raun long ol autstesin na pren bilong mipela mekim bikpela bung na kaikai long tok gut bai. Mipela olgeta bel hevi long wanem mi bin stap 15 yia nau i taim bilong lusim ol. Aiwara i pundaun long ai bilong mipela.

Longtaim balus i kam kisim mipela long lus, Diyos, Fred na Joy Smith i go wantaim mipela na mipela flai i go long Port Moresby. Bihain mipela go long Australia.

Long las Sande bipo mipela lusim Telefomin i gat sampela baptais long Drolengdam na Falepnok i baptaisim Ivan (namba wan pikinini bilong mipela) wantaim planti arapela i laik bihainim Jisas.

Wok bilong Lindsay long Australia
Mr. Williams, het bilong Misin, tok gen – Mi laikim wanpela man i go long olgeta sios long Australia na askim pipal long givim mani inap long

Wokabaut long rot wantaim God long Telefomin

Falepnok i baptaisim Ivan

Tupela bilong Vietnam i marit long Kew Baptis Sios

kirapim Baibel Kolis long olgeta kantri misin i bin wok long em. Long 1982 bikpela lotu i kamap long Adelaide na Mr. Williams i tok – mi holim $1,300,000.00 (i olsem K3,000,000.00) inap long ol Baibel Kolis i ken kamap. Dispela mani i go long olgeta Kantri na wokim Baibel Kolis. Mi tingting God i givim bikpela blesin long ol sios i bin` helpim mi long dispela.

Lindsay i kamap wanpela wasman long Australia

Kew Baptis Sios (1983-1986)
Long 1983 Lindsay kamap wasman long Kew Baptis Sios long Melbourne. Mi autim tok long Papa God long dispela lain na God i givim blesin long ol. Tasol wanpela meri lapun insait long dispela sios i gat bel hevi long lain bilong Vietnam i kam pinis long Australia na i nogat sios long lotu. Lapun meri i go nabaut na painim manmeri na askim ol long bung wantaim mipela. Em i askim Meryl long helpim em. Ol i statim lotu long tok Englis na helpim em long kisim save long Englis. Planti lain i stat long kam na ol i tingting long painim wanpela wasman i stap long Vietnam na i kam long Australia. Ol i painim pinis Tin Nguyen na em i kam na bai i kisim dispela wok.

* * * * * * *

Dispela taim i gutpela long mipela long kisim save long wok bilong wasman long Melbourne. Long wanem, mi bin lus long 15-yia longtaim na mi bin stap long Telefomin. Mipela kisim skul bilong MasterLife, na skul bilong rediim yangpela man na meri long hausat i ken marit gut na hausat mipela ken kisim save i ken kamap strong.

Long Augus 1986 wanpela arapela sios i askim mi long go kamap wasman bilong ol. Wanpela memba i save pinis long mipela. Long wanem em i bin kam long Telefomin long 1976 long wokpati long mekim ples balus bilong Duranmin. Nem bilong em Joe Belousoff.

Bihain long mipela beten long Papa God na em tok mi inap go long Rowville na kamap wasman bilong ol. Nau mipela lus long Kew na go long Rowville long 1987.

Rowville Baptis Sios (1987-1994)

Dispela Sios i bin baiim graun i gat wanpela haus i stap long en. Ol i baiim narapela haus na bungim em wantaim dispela i stap. Orait, gutpela wok i stat. Planti kristen manmeri i yangpela, marit na laik sindaun long nupela haus bilong ol yet, na ol kam long lotu wantaim mipela. Arapela manmeri i no bin harim Gutnuis yet. Mipela go raun na painim ol na tok save long as bilong bilip. Longtaim ol bilip ol bung wantaim mipela. Sios i autim Gutnius long ol long ples olsem – em kirapim bung long Krismas singsing, na em baiim bikpela kar i karim planti manmeri long kisim lapun manmeri i go long arapela ples, mekim pilai long mama ken bringim pikinini na wok wantaim Kaunsel long helpim husat i nogat planti kaikai.

I gutpela mipela stap klostu liklik long papa na mama bilong Lindsay na Ivan i painim meri i laik marit long em. Sios i kamap strong tru.

Mipela bin stap long Rowville 8-pela yia na narapela sios i singaut long mipela – Yupela inap kam long Sydenham na helpim mi long kirapim sios. Dispela lain i bung insait long klasrum bilong wanpela skul. Em i laik mi kirapim haus lotu na winim planti manmeri i kam insait long bilip long God – tupela wok wantaim.

Sydenham Baptis Sios (1994-2003)

Mipela go long dispela hap long 1994. Insait long tupela yia ol i baiim graun long ples bilong haus lotu. Sampela yia moa na haus lotu i pinis. Brendan, las pikinini bilong mipela, i wok kamda long dispela haus. Haus lotu i redi long opim long Me 28, 2000. 500-manmeri i kam bung wantaim mipela long de i op pinis.

Nau ol manmeri nabaut i lukim na tingting wanem em samting long dispela bikpela haus? Taim long bikpela beten i kamap na God opim rot long wok olsem – taim long yang pipel i bung long harim Gutnuis, taim long Baibel klas long ol meri, ples long pikinini pilai na yangpela mama i kam, bung singsing long Krismas na ples ol i gat wari i ken kam long beten na painim help. Sampela i wok long manmeri i lapun. Kristen i kamap strong na planti i no save bipo, ol laik kamap kristen.

God i gat wok yet long Australia

Lindsay i kamap wasman long Kew Baptis Sios.

Sampela manmeri go long Adelaide long bung wantaim ol long 100 yia bilong Baptis Misin wok

Lain Vietnam i gat lotu wantaim lain Australia long Kew

Wokabaut long rot wantaim God long Telefomin

Lindsay i kamap Wasman long Rowville Baptis Sios

Meryl i tisa long Buk Baibel long sampela meri

Rowville Baptis Sios, na ol manmeri

Sapta 14

Las tok bilong mipela

Longtaim mi pinisim wok long wasman long Sydenham mipela tingting long wanem wok God i laik givim mipela nau. Mipela i go bek long Kew Baptis Sios na namba wan wasman i askim mi long lukautim ol lapun manmeri. Planti mi save yet long ol long taim bipo mi maritim Meryl. Mi bihainim dispela wok inap long 8-pela yia.

Yia 2011 i stap. Long dispela taim mi (Lindsay) kisim bikpela sik. Long wanem, liva bilong mi i bagarap na mi klostu dai. Dokta i helpim mi na bihain hap liva i kamap orait liklik gen, inap long mi ken stap yet. Pikinini meri bilong mipela, Natalie, i baiim haus na em i tok long mipela lapun ken sindaun long dispela haus na lukautim em long taim Natalie i no stap long Australia. Natalie i wok long Port Moresby.

Olgeta Sande mipela go long Kilsyth South Baptis Sios. God i givim wanpela wok long mi hia. Mi bung wantaim sampela arapela lapun wasman na mekim beten long famili i stap insait long dispela lain bilong sios na long husat i gat sik o bel hevi. Dispela haus lotu na manmeri bilong en, i olsem nupela wantok bilong mipela tru. Meryl yet i go long Baibel Stadi na amamas long stadi wantaim ol. Mipela lapun nau, tasol mitupela laik bihainim Jisas oltaim.

* * * * * * *

Wanem samting mipela kisim save longtaim mipela stap yet long graun?
- Mipela no ken givim bilip long wanpela – God tasol inap.
- Mipela mas strong long bilip na wok God i makim long mipela.
- Olgeta ples i gat pasin bilong ol, tasol arapela ples i gat narapela pasin bilong ol. Olgeta manmeri i gat sin i stap na i gat wanpela rot tasol i ken kam long God. Em i Jisas.

Wokabaut long rot wantaim God long Telefomin

Sydenham Baptis Sios i stat insait long wanpela Skul

Ol i stat long kirapim bikpela haus lotu long Sydenham Baptis Sios

Bipo, Brendan i kamda na helpim ol long kirapim haus lotu. Nau em i Wasman long bikpela sios long Wonthaggi

Ol i pinisim Sydenham Baptis Sios

Las tok bilong mipela

- Beten i namba wan we bilong wok bilong God. Manmeri long Australia ol i bin beten planti taim long mipela i bin stap long PNG. Dispela wok i mas stap strong long kirapim wok long tokaut long Gutnius. Taim mipela kam bek long Australia mipela beten i stap yet.
- Olgeta taim mipela mas tingting liklik long mi yet, olsem daunim mipela, na mipela mas save tru long hap bilong laip bilong mipela i no strong.
- I gat tupela samting mipela mas skelim wankain long ol wok bilong God.
  – Mipela mas autim Gutnius.
  – Mipela mas sori long ol na helpim husat i no inap. Jisas i mekim olsem longtaim em givim tok long ol long God na autim stori, wantaim em i givim kaikai long ol, na oraitim husat i gat sik. Mipela mas skelim dispela tu.
- Long bikpela piksa, mipela no ken ting olgeta i gat wankain ansa long God. Wok bilong God i wanwan. Sampela i kamap misinari stret, na narapela i helpim sik na narapela wok long wanem wok God i givim em. Ol mas painim rot bilong ol yet na wok long liptimapim Nem bilong God.
- Longtaim wanpela wok i pinis God i painim arapela we mipela ken mekim wok bilong Em.
- Manmeri long sios i lukluk long painin lida long soim ol wanem samting i tru, i nogat giaman, i bel malumalu olsem wasman bilong sipsip.
- We bilong God i antap tru.

* * * * * * *

God em i gutpela. Em i bin lukautim mipela planti taim. Planti taim mipela flai long liklik balus na mipela no pundaun. Planti taim mipela stap long viles na ol i bin kaikaim man bipo. Planti taim mipela stap long bus na bikpela sik i no kamap long mipela. Long 50-yia mi bin stap

Wokabaut long rot wantaim God long Telefomin

Ivan em i marit long Michelle

Lindsay i autim tok long Buk Baibel long Sydenham

Leighton em i marit long Sally

Natalie i kisim win long Australia

Brendan em i marit long Christie

Las tok bilong mipela

wasman na planti man na meri i bin kamap Kristen. God i givim bikpela blesin long mipela. Yupela husat i ritim dispela buk, sapos yu laik lukim ol kristen gen, yu mas bilip long Jisas na bihainim tok bilong em. Orait taim yu dai pinis na go long heven, yu inap lukim ol gen na stap wanbel wantaim Papa God.

* * * * * * *

God yet i mekim kamap olgeta samting, na em i as bilong olgeta samting. Na olgeta samting i bilong em wanpela tasol. Yumi mas litimapim nem bilong em oltaim oltaim. I tru. Rom 11:36

Mipela – Lindsay na Meryl Smith 2019

Olgeta famili bilong Lindsay na Meryl

Wokabaut long rot wantaim God long Telefomin

Betty Crouch, Meryl, Lindsay, Lynn Davy, Jean, Brian na Brett Beaver long 1973.

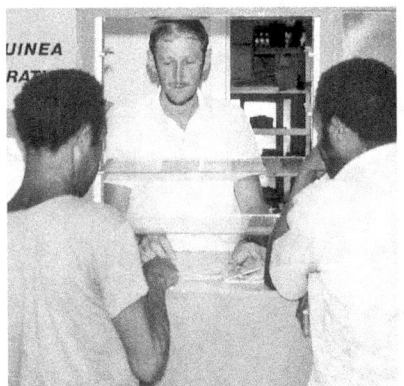

Andrew Longley long TDA Bank, 1977.

Drepmagen ritim Gutnius bilong Maak, 1969.

Mama bilong Lindsay wantaim wanpela pikinini, 1966

Keith na Joan Bennett, 2008

AISAIA 43;1-3A AND 40 ; 28-32

God i save kisim bek ol manmeri bilong En
Bikpela i bin mekim yupela i kamap wanpela lain manmeri, na em i tokim yupela olsem, "Yupela i no ken pret, long wanem, mi kisim bek yupela pinis. Mi bin givim nem long yupela na mi makim yupela i bilong mi yet.

Taim yupela brukim ol wara i daun tumas bai mi stap wantaim yupela. Na wara bai i no inap bagarapim yupela.

Taim yupela i go insait paia i hot tumas, bai paia i no inap kukim yupela.

Long wanem, mi Bikpela, ol Israel, mi bai helpim yupela. Mi God bilong mekim gutpela na stretpela pasin olgeta, mi tasol mi save kisim bek yupela.

Ating yupela i no save, a?

Ating yupela no harim, a?

Bikpela em i God bilong i stap oltaim oltaim. Em i mekim kamap olgeta samting long olgeta hap bilong graun. Na i nogat man inap long save long olgeta tingting bilong em.

Strong bilong en i no save slek na pinis.

Bikpela i save strongim ol man i nogat strong, na taim bun bilong ol i slek pinis em i save mekim ol i stap strong.

Strong bilong ol strongpela yangpela man i save slek na pinis.

Tasol ol manmeri i bilip long Bikpela na i wetim em i helpim ol, ol bai i stap strong oltaim.

Na bai i flai olsem tarangau. Bai ol i ran na ol i no inap sotwin na bai ol i wokabaut na ol i no inap les.

www.ingramcontent.com/pod-product-compliance
Lightning Source LLC
Chambersburg PA
CBHW072102290426
44110CB00014B/1791